Zhōngguāncūn gùshi zhī sān

# 中关村 故事之三

The Third Story from Zhongguancun

汉语风 中文分级 **Chinese Breeze**
系列读物 **Graded Reader Series**

第4级
1,100词级
Level 4
1,100 Word Level

jìngzhēng duìshǒu

# 竞争对手

# The Competitor

主 编　刘月华（Yuehua Liu）　储诚志（Chengzhi Chu）
副主编　赵绍玲（Shaoling Zhao）
原 创　温金海（Jinhai Wen）　温心怡（Xinyi Wen）

北京大学出版社
PEKING UNIVERSITY PRESS

图书在版编目(CIP)数据

竞争对手/刘月华,储诚志主编. —北京：北京大学出版社，
2017.12

(汉语风中文分级系列读物)
ISBN 978-7-301-28991-4

Ⅰ.①竞… Ⅱ.①刘… ②储… Ⅲ.①汉语—对外汉语教学—语言读
物 Ⅳ.①H195.5

中国版本图书馆CIP数据核字(2017)第300623号


| 书　　　名 | 竞争对手 |
| 著作责任者 | 刘月华　储诚志　主　编 |
| | 赵绍玲　副主编 |
| | 温金海　温心怡　原　创 |
| 责任编辑 | 何杰杰　邓晓霞 |
| 标准书号 | ISBN 978-7-301-28991-4 |
| 出版发行 | 北京大学出版社 |
| 地　　　址 | 北京市海淀区成府路205号　100871 |
| 网　　　址 | http://www.pup.cn　新浪微博:@北京大学出版社 |
| 电子信箱 | zpup@pup.cn |
| 电　　　话 | 邮购部62752015　发行部62750672　编辑部62752028 |
| 印刷者 | 北京大学印刷厂 |
| 经销者 | 新华书店 |
| | 850毫米×1168毫米　32开本　3.875印张　59.5千字 |
| | 2017年12月第1版　2017年12月第1次印刷 |
| 定　　　价 | 20.00元 |

## 刘月华

毕业于北京大学中文系。原为北京语言学院教授，1989年赴美，先后在卫斯理学院、麻省理工学院、哈佛大学教授中文。主要从事现代汉语语法，特别是对外汉语教学语法研究。近年编写了多部对外汉语教材。主要著作有《实用现代汉语语法》（合作）、《趋向补语通释》《汉语语法论集》等，对外汉语教材有《中文听说读写》（主编）、《走进中国百姓生活——中高级汉语视听说教程》（合作）等。

## 储诚志

夏威夷大学博士，美国中文教师学会前任会长，加州大学戴维斯分校中文部主任，语言学系博士生导师。兼任多所大学的客座教授或特聘教授，多家学术期刊编委。曾在北京语言大学和斯坦福大学任教多年。

## 赵绍玲

笔名向娅，中国记者协会会员，中国作家协会会员。主要作品有报告文学集《二十四人的性爱世界》《国际航线上的中国空姐》《国际航线上的奇闻秘事》等，电视艺术片《凝固的情感》《希望之光》等。多部作品被改编成广播剧、电影、电视连续剧，获各类奖项多次。

**温金海**

1984年毕业于厦门大学中文系。现居北京。中国作家协会会员，中国作家协会第六次、第七次全国代表大会代表。主要作品有长篇小说《闯黑道》《中关村进行曲》《封杀》等，散文集《爱心永存》，纪实文学《谁来撑起明天的中国》《让生活充满金色阳光》等。

**温心怡**

北京大学元培学院学生，入选北京大学人文基础学科拔尖学生培养计划"古典语文学"项目。哲学专业，研究方向为图像学理论与人文科学史。著有散文集《独立苍茫》等作品。元培学院《见闻录》主编。

### Yuehua Liu

A graduate of the Chinese Department of Peking University, Yuehua Liu was Professor in Chinese at the Beijing Language and Culture University. In 1989, she continued her professional career in the United States and had taught Chinese at Wellesley College, MIT, and Harvard University for many years. Her research concentrated on modern Chinese grammar, especially grammar for teaching Chinese as a foreign language. Her major publications include *Practical Modern Chinese Grammar* (co-author), *Comprehensive Studies of Chinese Directional Complements*, and *Writings on Chinese Grammar* as well as the Chinese textbook series *Integrated Chinese* (chief editor) and the audio-video textbook set *Learning Advanced Colloquial Chinese from TV* (co-author).

### Chengzhi Chu

Chu is associate professor and coordinator of the Chinese Language Program at the University of California, Davis, where he also serves on the Graduate Faculty of Linguistics. He is the former president of the Chinese Language Teachers Association, USA, and guest professor or honorable professor of several other universities. Chu received his Ph.D. from the University of Hawaii. He had taught at the Beijing Language and Culture University and Stanford University for many years before joining UC Davis.

### Shaoling Zhao

With Xiangya as her pen name, Shaoling Zhao is an award-winning Chinese writer. She is a member of the All-China Writers Association and the All-China Journalists Association. She authored many influential reportages and television play and film scripts, including *Hostesses on International Airlines*, *Concretionary Affection*, and *The Silver Lining*.

### Jinhai Wen

Graduated from Xiamen University and now living in Beijing, Wen is a professional Chinese writer. He is a member of the All-China Writers Association and was selected as a representative of the 6th and 7th China's Writers Congresses. His publications include the novels *Get into the Underworld, Zhongguancun March* and *Force-out,* prose collection *Love Forever,* and reportages *Who will Prop up China Tomorrow* and *Let the Life be Full of Sunshine.*

### Xinyi Wen

Xinyi Wen is an undergraduate student at Yuanpei College, Peking University. She majors in philosophy and has been chosen into the top talent programme of Classical Studies in PKU. Her research field includes theories of iconology and history of humanities. She has published a collection of essays and poetry *Alone in the Vast.* Chief editor of the journal *Speculum Differenciarum* of Yuanpei College.

# 前　言

学一种语言，只凭一套教科书，只靠课堂的时间，是远远不够的。因为记忆会不断地经受时间的冲刷，学过的会不断地遗忘。学外语的人，不是经常会因为记不住生词而苦恼吗？一个词学过了，很快就忘了，下次遇到了，只好查词典，这时你才知道已经学过。可是不久，你又遇到这个词，好像又是初次见面，你只好再查词典。查过之后，你会怨自己：脑子怎么这么差，这个词怎么老也记不住！其实，并不是你的脑子差，而是学过的东西时间久了，在你的脑子中变成了沉睡的记忆，要想不忘，就需要经常唤醒它，激活它。"汉语风"分级读物，就是为此而编写的。

为了"激活记忆"，学外语的人都有自己的一套办法。比如有的人做生词卡，有的人做生词本，经常翻看复习。还有肯下苦功夫的人，干脆背词典，从 A 部第一个词背到 Z 部最后一个词。这种做法也许精神可嘉，但是不仅过程痛苦，效果也不一定理想。"汉语风"分级读物，是专业作家专门为"汉语风"写作的，每一本读物不仅涵盖相应等级的全部词汇、语法现象，而且故事有趣，情节吸引人。它使你在享受阅读愉悦的同时，轻松地达到了温故知新的目的。如果你在学习汉语的过程中，经常以"汉语风"为伴，相信你不仅不会为忘记学过的词汇、语法而烦恼，还会逐渐培养出汉语语感，使汉语在你的头脑中牢牢生根。

"汉语风"的部分读物出版前曾在华盛顿大学(西雅图)、范德堡大学和加州大学戴维斯分校的六十多位学生中试用。感谢这三所大学的毕念平老师、刘宪民老师和魏苹老师的热心组织和学生们的积极参与。夏威夷大学的姚道中教授、加州大学戴维斯分校的李宇以及博士生 Ann Kelleher 和 Nicole Richardson 对部分读物的初稿提供了一些很好的编辑意见，在此一并表示感谢。

# Foreword

When it comes to learning a foreign language, relying on a set of textbooks or spending time in the classroom is not nearly enough. Memory is eroded by time; you keep forgetting what you have learned. Haven't we all been frustrated by our inability to remember new vocabulary? You learn a word and quickly forget it, so next time when you come across it you have to look it up in a dictionary. Only then do you realize that you used to know it, and you start to blame yourself, "why am I so forgetful?" when in fact, it's not your shaky memory that's at fault, but the fact that unless you review constantly, what you've learned quickly becomes dormant. The *Chinese Breeze* graded series is designed specially to help you remember what you've learned.

Everyone learning a second language has his or her way of jogging his or her memory. For example, some people make index cards or vocabulary notebooks so as to thumb through them frequently. Some simply try to go through dictionaries and try to memorize all the vocabulary items from A to Z. This spirit is laudable, but it is a painful process, and the results are far from sure. *Chinese Breeze* is a series of graded readers purposely written by professional authors. Each reader not only incorporates all the vocabulary and grammar specific to the grade but also contains an interesting and absorbing plot. They enable you to refresh and reinforce your knowledge and at the same time have a pleasurable time with the story. If you make *Chinese Breeze* a constant companion in your studies of Chinese, you won't have to worry about forgetting your vocabulary and grammar. You will also develop your feel for the language and root it firmly in your mind.

Thanks are due to Nyan-ping Bi, Xianmin Liu, and Ping Wei for arranging more than sixty students to field-test several of the readers in the *Chinese Breeze* series. Professor Tao-chung Yao at the University of Hawaii. Ms. Yu Li and Ph.D. students Ann Kelleher and Nicole Richardson of UC Davis provided very good editorial suggestions. We thank our colleagues, students, and friends for their support and assistance.

# 主要人物和地方名称
## Main Characters and Main Places

**方新 Fāng Xīn**

A man who started a company to develop and market a Chinese software program

**小月 Xiǎoyuè**

Fang Xin's wife

**蓝迅 Lán Xùn**

The leader of Beike Computer Company

**谢红 Xiè Hóng**

Fang Xin's ex-wife, the leader of CAT Company

**钱贵 Qián Guì**

A friend of Fang Xin and Xie Hong, who is working at CAT Compuny

桑林 Sāng Lín
A man who worked for Fang Xin

程微 Chéng Wēi
Sang Lin's wife

中关村 Zhōngguāncūn: The most famous science park in Beijing, known as China's Silicon Valley

新月电脑公司 Xīnyuè Diànnǎo Gōngsī: Xinyue (new moon) Computer Company

北科计算机公司(北科公司) Běikē Jìsuànjī Gōngsī: Beike Computer Company

CAT 公司 CAT Gōngsī: CAT Company

文中所有专有名词下面有下画线,比如:中关村
*(All the proper nouns in the text are underlined, such as in 中关村)*

# 目　录
## Contents

# 1. 大公司伸出¹帮助的手

这是 1997 年早春。

天越来越暖和，马路旁边的树开始变绿，草也从地上长了出来。楼外的公园里，开着各种颜色的花儿。孩子们像小鸟一样跑来跑去，唱呀跳呀，玩得非常高兴。

方新站在办公室的窗户旁边，看着外面的风景，心情却轻松不起来²。

来中关村开电脑公司，已经 5 年多了。这几年，方新一直在做一个叫"新月中文"的软件³，差不多每天都要想着怎么把软件³做好，还要想着怎么把软件³卖出去，事情总是很多，过得一直很累。

去年，"新月中文"被人盗版⁴。后来，警察好不容易⁵找到了做盗版⁴

---

1. 伸出 shēnchū: to stretch out
2. 轻松不起来 qīngsōng bu qǐlái: can not relax
3. 软件 ruǎnjiàn: software
4. 盗版 dàobǎn: to be pirated (book, software, etc.)
5. 好不容易 hǎobù róngyì: with great effort

的人，盗版⁴算是停了下来。方新以为，这下子⁶"新月中文"该卖得好了。可是几个月过去了，软件³卖得并没有他想得那么多。

5　　方新心里有些着急，到底怎样才能让软件³多卖一些呢？

　　晚上回到家，妻子小月看到方新不大高兴的样子，知道他又在想软件³的事，就说："别想那么多啦！卖得多

10　一点儿少一点儿，都没关系，都要快乐一点儿。我们现在钱又不算很少，这样已经很不错啦！"

　　方新说："我想的不是钱的问题。我是想，用过'新月中文'的人，都

15　说它不错。那怎么才能让更多的人了解它、用上它？现在很多人还不会用电脑，还习惯用笔来写文章。要是他们能用上'新月中文'，就可以用电脑来写东西了，写起来会快得多。那样

20　的话我们国家不就进步了。"

　　小月明白，方新一直想做点对国家、对民族有意义的事情，这是他去中关村最重要的原因。"有什么办法能

6. (这)下子 (zhè)xiàzi: this time, now

让更多的人了解这个软件³，接受、喜欢这个软件³，最后大家都能够用上这个软件³呢？"

方新难过地说："能想到的办法，我都试过了，我还真想不出更好的办法了。刚到中关村时，我总是想，只要把软件³设计好，它就一定会受欢迎。现在我才知道，办公司真不是件容易的事，不是东西好就一定能够卖得好。"

小月看他很担心的样子，心疼⁷地说："别多想了，先吃饭吧。"她已经做好米饭和菜，两个人就一起吃饭了。

7. 心疼 xīnténg: to feel sorry for someone, to love someone dearly

第二天早上，方新很早就起床了，用了几分钟时间刷牙、洗脸、上厕所，也没在家吃早饭，带了两个鸡蛋，就急急忙忙骑着自行车上班去了。从他家到中关村，有十几公里，冬天，或者刮风、下雨的时候，他一般是坐几站地铁，再坐几站公共汽车。现在天气暖和了，他更喜欢骑车，觉得骑车自由，还能运动运动，锻炼一下身体。

刚到办公室不久，突然有人给他打电话，是个男的。"请问是方新吗？我是北科计算机公司的蓝迅。"

蓝迅！方新没想到是他。北科公司是中国最大的计算机公司，它生产的北科电脑可以说是中国最好的电脑。蓝迅是北科公司的领导，也是计算机专业的教授，对计算机研究很深，水平很高，在中关村很有名，影响很大。不过，方新和蓝迅并不熟悉，他早就想认识蓝迅，但一直没有机会。方新没想到蓝迅会突然打电话给他。

"蓝迅老师，您好！"方新高兴

地说。

"你上午有没有时间？能到我办公室来一下吗？有点事情想跟你聊一聊。"蓝迅说话很客气。

方新忙说："好啊，有时间。"他 5
骑上自行车就往外走。

北科公司在一个十字路口附近，那是一栋7层高的红楼，看上去有些旧。不过，这里却有好多计算机研究方面的教授，水平都很高。这是北科 10
公司发展快的重要原因。

蓝迅大概40多岁，个子不高，有些瘦。他和方新握了握手，搬过一把椅子让方新坐下，问："你喜欢喝茶还是咖啡？" 15

方新说："谢谢！茶吧。"

蓝迅给方新倒了一杯茶，说："虽然我们是第一次见面，但你的情况我还是了解一些的。你做的'新月中文'，我也认真看过，设计得很不错！ 20
听说你在大学学的专业并不是计算机，而是中文，这就更不容易了。'新月中文'是一个很好的软件[3]，这样的软件[3]应该让更多的人用上。我请你过来，就是想跟你聊一聊，我们能不能想点办法，让这个软件³卖得更好一些呢。"

"那太好了！这正是我希望的。"方新说。

5

蓝迅看着方新："我有一个主意，让'新月中文'与北科电脑一起卖！买北科电脑的人，只要多花一点儿钱，就能同时买到'新月中文'，比分别⁸买两样东西便宜。买'新月中文'

10

8. 分别 fēnbié: separately

的人，也可以买到更便宜的北科电
脑。"

"这个办法很好，我完全同意!"
方新非常高兴。他知道，北科公司在
各地都有服务网络⁹，哪怕¹⁰是小城　　5
市，也有人卖北科电脑。如果"新月
中文"与北科电脑一起卖，就可以利
用北科公司的服务网络⁹，那样的话将
给他带来很多方便。

"蓝迅老师，您可是帮了我大忙　　10
啊! 谢谢您!"

"不客气。"蓝迅笑了笑，"这样
做，对我们两家公司的发展都有帮
助，都是好事。"

方新清楚，北科电脑不用靠"新　　15
月中文"，也能够卖得很好。蓝迅提出
这个办法，主要是想帮助他。但他还
是不明白，蓝迅跟他不认识，为什么
要这么热心地帮他?

蓝迅好像知道他在想什么，说:　　20
"我们国家计算机发展水平还很低，软
件³方面的水平就更低了，跟美国、英
国比，差得实在太远! 中国很需要像

9. 网络 wǎngluò: network
10. 哪怕 nǎpà: even if

你这样的青年人！希望你继续努力，赶快把我们民族的软件[3]发展起来。做软件[3]困难很多，除了要把软件[3]做好，还要考虑怎么卖出去，确实很难。北科是国家办的公司，应该多支持你们。以后有什么需要我帮忙的地方，就跟我说，我们一起努力吧！"

方新的心热了起来，握住蓝迅的手，说："谢谢蓝迅老师，我一定好好努力！"

Want to check your understanding of this part?
Go to the questions on page 90.

## 2. 她从美国回来了

　　"新月中文"很快就开始和北科电脑一起卖了。买北科电脑的人，只要多花一点儿钱，就能够买到"新月中文"。买"新月中文"的人，如果想买电脑，也可以买到更便宜的北科电脑，比分别[8]买两样东西便宜不少。

　　一个月后，方新发现，卖出去的软件[3]真的比以前多了许多。他打电话问蓝迅："北科电脑卖的情况怎么样？"蓝迅高兴地说："也多了不少！现在买电脑的人越来越多，不但城里人买，一些农村的农民也开始买了，当然他们大部分是给自己孩子买的。"

　　好多电脑商店看到北科电脑和"新月中文"好卖，售货员就把这两样东西同时摆在门口，有的还把"新月中文"的介绍挂在墙上，让客人一进来就能够看见。

　　方新比以前更忙了，每天晚上要

七八点钟才能回家，周末也常常要加班。

小月回家要早一些，回到家，她总是先打扫房间、擦地、把家里收拾干净，然后做好饭菜、洗好水果，等方新回来。

这天晚上方新回到家，小月像平常一样，已经做好晚饭。见他回来，就从厨房拿出饭菜，叫方新吃。她做的菜可真不少，除了菜，还有一盘鱼、一碗鸡汤。但方新拿起筷子吃的时候，她自己却不吃，好像在想什么。方新觉得奇怪："你怎么不吃啊？"

小月说："这两天我不知道为什么，忽然想到一个人。"

"谁啊？"

"谢红。"

"怎么会突然想起她？"方新问。谢红是方新的第一个妻子。他们结婚后不久，谢红就去了美国一所名牌大学留学，她叫方新也去，希望俩人以后就在美国生活。但方新想在国内做软件³，那是他自己喜欢做的事，所以他一直不愿意去美国。谢红又不想那么快回来，没办法，她只好提出分

手[11]，结果俩人就离婚[12]了。跟谢红分
开后，方新才跟小月结婚，小月成为
了他的第二个妻子。因为这样的关
系，方新不愿意跟小月说谢红，小月
一般也不跟方新提起她。今天小月忽    5
然说起谢红，确实让方新觉得奇怪。

　　"最近有她的消息吗？"小月问。

　　"没有。"方新说，"我也不知道
她的情况。有什么事吗？"

　　"没事。"小月说，"她会不会回    10
北京了呀？"

　　"我哪儿知道呀？世界那么大，

11. 分手 fēn shǒu: to break up
12. 离婚 lí hūn: to divorce

她去哪儿是她的事，谁管得了¹³？别多想了，你们女人就爱多想。"

小月好像不太放心，问："你喜欢我吗？"

5    "我喜欢你。"

"爱我吗？"

方新拉着小月的手，轻轻地说："我爱你！我们一起生活这么久了，你还不相信我吗？"

10   小月笑了笑，这才高兴起来，拿起筷子吃饭。吃完，俩人坐在客厅，打开电视看了场足球比赛，很晚才睡。

差不多过了五六天，方新正在办公室看一份报告，忽然有人打电话

15   来，是个女的。

"方新，还记得我吗？听得出我是谁吗？"

方新的心都快跳出来了。"谢红！"

谢红在电话那头笑了一下，说：

20   "哦，还不错，没有忘记我的声音。我回北京来了，好久不见，想不想见见你曾经的妻子？我倒是想见见我曾经的丈夫。怎么样，今天晚上有空儿吗？"

13. 管得了 guǎndeliǎo: to be able to control

　　方新一时<sup>14</sup>不知道该怎样回答，
这一切发生得太突然了！他已经很久
没有谢红的消息，虽然有时候也会想
起她，但一直互相没有写信、打电
话。前年，他听人说，谢红在美国留　5
学时，学习很用功，每门功课成绩都
很好，拿到的奖学金也很多。毕业
后，她在国际有名的计算机公司CAT
公司找了个工作，工资很高。她买了
房子和汽车，生活过得很不错。方新　10

14. 一时 yìshí: for a short while

没想到她会突然回到北京。虽然两人已经分手[11]，但谢红提出见面，不去见一下也不合适，就说："好吧，我下班过去。"

5　　快下班的时候，他给小月打电话，说晚上有事，不能回家吃饭，让她自己吃。小月也没多问。方新叫了辆出租车，就去了谢红住的饭店。

　　谢红住在一家很现代的饭店，旁边是个公园，风景很美。饭店服务员
10　长得漂亮，服务也很好，听说方新要上楼找人，忙把他带到电梯门口。

　　谢红正在房间里等他。这是个套间，外面是客厅，有桌子椅子，里面是卧室，摆着一张大床。谢红穿着一
15　件黄色的衣服，下面是蓝色的裙子。几年没见，她瘦了些，但精神不错。见到方新，她问："怎么过来的？自己开车，还是有司机？"

20　　"没有，我打车。"方新说，"什么时候回来的？"

　　"一个星期了。"谢红让他坐下，自己坐在对面，给他倒了杯咖啡，一切都好像很自然。

　　方新想到，那天小月说起谢红，也正好是一个星期前。小月知道她要回来吗？女人的感觉，真有点奇怪啊。

　　"前几天太忙，实在没有时间，所以到现在才给你打电话。再说，我也不了解你的情况，你的手机号码，我还是昨天问钱贵，才打听到的。"谢红说。钱贵是谢红大学时的同班同学，也是学计算机的，前几年也在中关村开电脑公司。

　　外面天已经黑了。谢红关心地说："饿了吧？今天我请客。不过，我们不去餐厅。我让服务员送些吃的来，我们边吃边聊。房间里说话方便。好吗？"

　　方新说好。谢红拿起菜单，点了几个菜，打电话叫服务员送。过了半个小时，服务员就把饭菜都送来了，还有一瓶葡萄酒。她给方新倒了一杯酒，也给自己倒了一杯，举起杯子说："这样是不是有点家的味道？以前我们在一起的时候，也经常这样吃饭。来，干杯！"

　　俩人喝了一口。方新问："这次回

5

10

15

20

来有什么事吗？回家看过父母了吗？"

"我前几天已经先回老家看了一下父母。"谢红回答说，"不过，这次主要是公司派我回来了解计算机在中国的发展情况。中国经济发展得真快，有钱人越来越多，用计算机的人也越来越多了。中国太大了，人口那么多，真是一个大蛋糕[15]！这对CAT公司来说，是一个好机会。我准备向公司建议，马上在中国开分公司[16]。"

方新的心跳了一下。

---

15. 蛋糕 dàngāo: cake (here a figurative expression of the market)
16. 分公司 fēngōngsī: branch of a company

"你的情况怎样?"谢红又问。

"马马虎虎吧。"方新简单介绍了一下他的情况。

谢红说:"当年你要是跟我去美国，会比现在好得多。我到现在还是认为，你不出国是个错误。" 5

方新说:"我的公司虽然小，但我觉得我所做的事情很有意义。"

"好了，这些已成为历史，就让它过去吧。"谢红又举杯喝了一口， 10 "你家庭怎么样? 她对你好吗?"

"挺好的。你呢? 成家了吗?"

"我也结婚了，他叫托马斯，美国人。在北京当过两年留学生，会讲点汉语。不过，我们还没有孩子。"谢 15 红停了一下，好像担心什么，声音也小了，"托马斯很想要个孩子，他跟我讲过几次，要是有了孩子，我就不必再工作，在家好好照顾孩子。他呢，也一定会当个好爸爸。我也想要个孩 20 子，不管是儿子还是女儿，我都会喜欢。可是……"

方新说:"别急，你们一定会有个聪明可爱的孩子的。"

俩人又喝了几杯，谢红忽然说: 25

"你知道吗？我最爱的还是你，这几年我经常想起你。如果老天<sup>17</sup>能给我机会，我愿意再当你妻子。"说着，她轻轻哭了起来。好一会儿才停下来，去洗手间擦了擦眼睛，弄了弄头发，脱去黄外衣，只穿件白衬衫，来到方新旁边。

"对不起，我不应该这样。好不容易<sup>5</sup>才见面，应该高兴才是。"她笑了一下，抱住方新，"下次见面还不知道要到哪年哪月……再陪我一次？好吗？"

方新明白她的意思，说："哦……这样不好，我们还是聊聊天吧。"

谢红不大愿意的样子："那我们拍张照片吧。"她从行李包里拿出一个照相机，看了看桌子上的碗和杯子，说："这里太乱，不好看，我们到里边去。"她拉着方新走进卧室，一左一右坐在床上，谢红紧靠在方新身上，那情形好像他们还是夫妻。

"我想留住以前我们在一起的那种感觉。"她说。

17. 老天 lǎotiān: God, Heaven

　　方新觉得这样不大合适，又怕谢红难过，就没说什么。拍了几张，他问："你哪天回美国?"

　　"明天中午的飞机，准备九点一刻左右出发去机场，CAT公司要我早点儿回去。" 5

　　"那我先祝你一路平安。"方新站起身准备离开。谢红送他到电梯口，俩人摆了摆手，就分别了。

　　已经很晚了，月亮圆圆的，挂在东边的天空，发出冷冷的白光。方新 10

走在空空的马路上，想着还在家里等他的<u>小月</u>，一时<sup>14</sup>说不清楚自己是什么心情。

Want to check your understanding of this part?
Go to the questions on page 90.

# 3. 软件³升级¹⁸计划

　　几天后，北科公司举办一场电脑教育方面的活动，介绍他们新设计生产出来的电脑。蓝迅请方新也去参观。见到蓝迅，方新把CAT公司可能会来中国的消息告诉他，"要是CAT公司来中国，北科就多了个很强的对手，这对北科恐怕影响不小，你们要多加小心。"

　　蓝迅轻轻一笑："CAT迟早¹⁹会来的。中国那么大，确实是个大蛋糕¹⁵，国际上任何一家大公司，都想来吃两口。不过，我们不要害怕外国公司进来。他们来也不一定是坏事，我们能从他们那里学到一些东西。怕的是我们自己不想着发展，不懂得改变。在这个问题上，我们的态度是：没有最好，只有更好。每天都要想想，怎么把电脑做得更好一些，更现代，更省

18. 升级 shēng jí: to upgrade
19. 迟早 chízǎo: sooner or later

电，更好用。"

方新点了点头，蓝迅的话，让他很受教育。从北科公司回来，他就想，目前计算机技术发展很快，大家对软件³的要求越来越高。软件³每过半年一年，就得改一下，才能解决大家关心的问题，适应社会的需要。"新月中文"卖的时间不短了，也应该有所改进了。他决定对"新月中文"进行一次大改，研究设计"新月中文2.0"，使它继续成为中国最好的中文软件³。

但怎么改呢？首先得有一个科学的计划才行。

方新知道小月对"新月中文"很了解，以前也给他提过不少建议。晚上回到家，就问小月："你说说，你觉得'新月中文'还有哪些需要改的地方？"

小月一下就听懂了他的意思，说："想做新软件³了吧？我得好好想一想。另外，我也请我家里人提些意见。我爸爸在政府部门²⁰工作，好些领导和同事也用'新月中文'。我妈工

---

20. 部门 bùmén: department

作的那个医院，不少医生也用这个软件[3]。还有，我妹妹在图书馆，认识好多老师、学生，还有外国留学生，我让他们都提提意见。意见听得越多，对你越有帮助。"

方新抱了她一下："你真好，总是这么支持我。"

小月脸红了："好了，快吃饭吧。"几天后，小月交给方新几张纸，上面写着好多和"新月中文"有关系的建议。数了数，一共30多条，其中有不少提得很有道理。

这个星期，方新还打电话给一些买过"新月中文"的人，请他们谈看法，提意见。有空儿的时候，他还来到软件[3]商店，跟售货员一起卖软件[3]，听听客人的看法。

这天是周末，方新又来到软件[3]商店。中午十一点多，商店里来了两个年轻人，一男一女，手拉着手。那男的个子不高，戴着个黑眼镜，像是刚毕业不久的大学生。那姑娘像是他的女朋友，穿着一件红裙子，戴着个电子手表，很便宜的那种。

　　那姑娘发现"新月中文"，拿起来左看右看，问男的："我买一个?"

　　那男的说："算了吧! 这软件³，以前觉得还可以，现在就觉得差了些，用着不方便。"

　　"是吗?"那姑娘就放下软件³。男的拉着她往外走。

　　方新听到他们的话，忙走过去："先生请等一下! 您对这个软件³好像很有研究，能跟我说说您的看法吗?"

　　那男的把女朋友拉到身后，紧张地看着他，说："你是谁? 想干什么?"

方新说："我是新月电脑公司的，叫方新。我想请您谈谈对新月中文的建议，帮助我们把它做得更好些。这样吧，我请你们喝杯咖啡，我们聊聊天儿?"

那男的好像很不愿意的样子，姑娘拉了他一下，说："你就跟他聊几句吧。"男的这才表示同意。

软件[3]商店往南十几米有一家咖啡馆[21]，环境不错，也很安静。方新带他们来到那里，要了三杯咖啡和一些香蕉。一男一女看起来很渴，拿起咖啡就喝，一大杯咖啡，一会儿就喝光了。方新又给他们要了两杯牛奶，加上糖。他们很快又喝掉一半。

那男的说："你这个软件[3]，我在大学时就用过。当然，是学校买的，我自己可没钱买。当时觉得不错。但是现在来看就有点儿问题了，一些地方设计得很不科学，不符合[22]人们的习惯。可是不用吧，又没有更好的中文软件[3]。用吧，感觉真不舒服！有时候我还想，不如我帮你们重新设计

5

10

15

20

---

21. 咖啡馆 kāfēiguǎn: café
22. 符合 fúhé: to conform to

一下!"

方新问了一些问题，那男的一一说了自己的看法。聊着聊着，方新感到他确实有自己的设计思想，不少建议真的挺科学的。

聊了半个多钟头，方新问："你是学软件³专业的?"

"是的，我最感兴趣的就是软件³。"那男的说，"不过，我现在在航空公司管计算机网络⁹，软件³知识用不上。"

"那你怎么不去软件³公司?"

那男的苦笑²³一下："目前软件³公司都比较小，不知道能开多久，今年开了，明年还能不能继续开，谁也不知道，感觉很不安全。再说工资也不高。"

方新问："你愿意到我的公司来吗?"

那男的没有马上回答，却问："能给我多少工资?"

方新问："你有什么要求?"

"月工资八千块，怎么样?"

23. 苦笑 kǔxiào: a wry smile

方新说："一般的人，我确实付不了这么多。不过，对于有才能的人，我愿意给高工资。我给你月工资一万块人民币。而且，以后软件³如果卖得好，还另有奖金。怎么样？"

"您开玩笑吧？"那男的好像不敢相信，脸红红的。那女的一双眼睛也张得大大的。

"我说的是真的！您贵姓？方便给我留个电话吗？"

"我叫桑林。"那男的给方新写下名字和电话号码。

方新也把自己的电话号码告诉他，说："我等你消息。"

过了几天，桑林告诉方新，他决定来新月公司。又过了两个星期，他离开航空公司，来到新月公司上班。方新又找了几个学软件³的大学生。公司人一下子⁶多了起来，方新和他们一起，开始了新的软件³计划。

方新觉得桑林很聪明，对软件³研究很深，好些意见是方新以前没想到的。桑林以前每月也就拿三四千块钱，交了房租，剩不了多少。来到新

5

10

15

20

月公司，工资增加一倍多，他很满意。他的女朋友姓程，叫程微，在一所小学当老师，钱也不多。看到桑林工资突然增加，她也很高兴。只要有
5 空儿，她就来公司陪桑林加班[24]。

　　桑林以前在南边租房子，虽然便宜，但离城里很远，每天上班从南到北，要近两个小时。现在为了上班不迟到，多点儿时间做软件[3]，他在中关
10 村北边租了套小房子，上班只需要一

24. 加班 jiā bān: to work overtime

刻钟时间。不过，他最希望的是早点儿买套房子，好跟程微结婚。

　　小月也经常去新月公司，也认识了桑林和程微。看到桑林他们加班[24]很累，就经常做些好吃的饭菜，带去给他们吃，大家总是吃得很香。桑林他们觉得，新月公司虽然小，但大家在一起心情很愉快。

5

Want to check your understanding of this part?
Go to the questions on page 91.

# 4. 外国公司的女领导

天热了起来，夏天到了。马路边公园里的花都开了。有的红，有的黄，有的白，五颜六色²⁵，看去漂亮极了。

5　　这天下午，方新正和桑林他们讨论"新月中文2.0"的设计方案，手机突然响了，是个女的。"方新!"

方新一下就听出是谢红。"你回北京了?"

10　　"是呀，我又回来啦。"谢红心情好像不错，"过来坐坐?"

下班后，方新打了辆出租车，来到谢红住的地方。这一次，谢红住在东边的一套国际公寓里，这里跟宾馆不同，更像个家。方新觉得奇怪，谢
15　红怎么会住这种地方? 一般情况下，在一个城市要住很长时间，才会选择这样的公寓。

25. 五颜六色 wǔyán-liùsè: colorful

　　谢红穿着一件很长的蓝色裙子，看上去精神很愉快。她关上门，笑着说："我昨天刚到，这回我可是一到北京就给你打电话了。"方新问她这次回来能待多久？谢红看着他，说："你是希望我待的时间长一点，还是短一点？跟你说吧，这次我要在北京待很长时间。CAT公司对我的研究报告很满意，前不久在中国开办了分公司[16]，最近又决定派我回来负责中国分公司[16]的工作。"

　　方新说："当领导了？不错啊！CAT动作也真快！"

　　谢红从冰箱里取出一瓶饮料，给他倒了一杯。"让一个中国人来负责分公司[16]很少见[26]，尤其是我这样刚工作不久的年轻人。我要利用好这次机会，好好做点事，让公司不要小看[27]我。今天请你过来，一方面是想你了，想见见你。另一方面，也是想跟你谈谈，希望你能帮助我。"

　　"我能帮你什么呢？CAT是国际有名的大公司，怎么会用得上[28]我帮

5

10

15

20

---

26. 少见 shǎojiàn: rare to see
27. 小看 xiǎokàn: to underestimate
28. 用得上 yòng de shàng: can be used

忙?"方新问。

谢红说:"在中国做事<sup>29</sup>,还是要靠中国人,中国人了解中国。我想让你到我公司来,我们一起干点事。"

"去你的公司? 那我的软件<sup>3</sup>怎么办? 我的公司怎么办? 最近我正在做新软件<sup>3</sup>——'新月中文2.0'。"

谢红问:"你一年能挣<sup>30</sup>多少钱?"

"钱倒不多。"方新说了一个数。

谢红哈哈一笑:"就这么少呀? 如果你到CAT公司,工资至少翻倍<sup>31</sup>。方新,上次跟你见面,我就看出来了,这些年你过得太累。周末休息不了,连听音乐会、看电影的时间都没有。付出<sup>32</sup>那么多,得到的却很少。到现在连车也没买吧,来看我还要打出租车。你真想在这条路走下去? CAT是国际大公司,一般人想来还来不了呢,我是考虑到我们的关系,才拉你进来。"

"如果我去CAT公司,钱肯定更多。问题是,我就没法做软件<sup>3</sup>了。我

29. 做事 zuò shì: to do something
30. 挣(钱) zhèng(qián): to earn (money)
31. 翻倍 fān bèi: double
32. 付出 fùchū: to devote, to pay

的兴趣、爱好，可能就不能实现了。"

谢红说："有些东西该丢<sup>33</sup>的就得丢<sup>33</sup>掉，你不丢<sup>33</sup>，就得不到更好的东西。机会难得<sup>34</sup>，你考虑考虑吧。"

"哦，"方新不想说这些，问，"你回北京工作，你丈夫也来吗？"

谢红低下头："我们……已经分手<sup>11</sup>了，三个月前离的。"

"为什么？他不是很爱你吗？是不是他看到了我们的照片？"

谢红摆摆手："这事跟你没关系，是我们自己的原因，因为孩子问题。他一直想要个小孩，我也想要，但我身体有病，不能生孩子。知道这个情况后，他马上提出分手<sup>11</sup>……分开也好，这样我回中国工作，就不用担心他了。"

方新心里有些难过。

谢红眼睛红了，她擦了擦眼睛，拉住方新的手："我还是觉得我们俩好。我愿意回中国来，很重要的一个原因，是想离你近一些。你考虑考虑嘛，我希望你早点儿到CAT公司来。"

33. 丢 diū: to throw away
34. 难得 nándé: rare, hard to come by

33

"哦，我考虑一下。"方新说。

谢红从行李包中取出几张照片，说："这是上次我们照的，带回来给你看看。"

5　　方新看了看，照片拍得很自然，俩人坐在床上，好像关系很好的样子。他把照片还给谢红，谢红却说："你留着吧，我还有。"

谢红又说："一会儿钱贵要来，我们一起吃饭？"

10　　方新不喜欢钱贵，不愿意跟他一起吃饭，就先走了。回到家，小月正

在看电视。方新怕她有别的想法，没
有跟她说谢红的事，也不敢把照片放
在家里。第二天上班，他把照片放在
了办公室。

　　过了一个多星期，谢红打电话
来，问方新考虑得怎么样了。方新
说："我认真考虑过了，还是放不下[35]
我的软件[3]。我希望把'新月中文2.0'
做好。对不起，实在不好意思。"

　　谢红很生气，冷冷地说："不管怎
么说，我们也一起生活过几年，那时
候我对你也不错。你怎么能这样对
我，这点儿忙都不帮！"

　　"谢红！"方新叫了声。谢红没有
回答，挂了电话。

5

10

15

Want to check your understanding of this part?
Go to the questions on page 91.

---

35. 放不下 fàng bu xià: can not put sth. down or give it up

# 5. 合作没有办法进行

CAT 中国分公司 [16] 在谢红领导下，发生了很大变化，CAT 电脑火了起来，卖得越来越好。现在，人们一说起中国的名牌电脑，就会想到北科电脑；一说起外国的名牌电脑，就会想到 CAT 电脑。CAT 电脑和北科电脑，已经成为最大的竞争对手。

这些日子，方新没有找谢红，谢红也没有找他。一直到七月几号，谢红突然又打电话来，问："后天中午有空儿吗？我们一起吃饭？"听她的声音，好像是不跟他生气了。

方新觉得谢红可能又有什么事，就同意了。第三天中午，两人来到一家饭馆，谢红看着菜单点了几个菜，还要了一瓶啤酒。两人举杯喝了一口，谢红说："最近快累死我了，照这样下去，我恐怕会老得很快。不过总算<sup>36</sup>有点儿成绩，CAT 电脑卖得不错，公司也很满意。"

方新说："你越来越能干<sup>37</sup>了。"

"我必须努力，在外国公司，要靠成绩说话。我要让他们明白，派我到中国来，选对人了!"停了一下，谢红又说，"有件事还想请你帮忙。我了解到，有一些人喜欢买北科电脑，一个重要原因是北科电脑和'新月中文'一起卖。以前我不知道'新月中文'这么受欢迎，有点小看<sup>27</sup>你了。你不能光帮北科公司，不帮我嘛。我想让'新月中文'也和CAT电脑一起卖。"

方新说："CAT电脑是世界名牌，'新月中文'只是个小软件<sup>3</sup>，放在一起卖合适吗?"

谢红说："如果放在一起能卖得更好，那又有什么不合适呢?"

"那好，这事我同意! 我也希望有更多的人用上'新月中文'。"方新跟她干了一杯，"不过，这事我还得问问北科公司的意见。"

---

36. 总算 zǒngsuàn: finally, at last
37. 能干 nénggàn: competent

吃完午饭，方新马上来到北科公司找蓝迅，把情况告诉他。蓝迅说："连 CAT 公司也看上'新月中文'了，说明你的软件[3]不错嘛。你就同意他们的要求吧。"

5　　　方新有些担心，说："CAT电脑已经成为你们最大的竞争对手，我跟他们合作，会不会给你们带来不好的影响？"

10　　　蓝迅想了想，说："影响当然有。不过，对于'新月中文'来说，却是一次加快[38]发展的机会。我们民族软件[3]发展很慢，很需要帮助。遇到了机会，就不要放过。你就放心吧，不要担心我们。再说，当时我也没有要求

15

38. 加快 jiākuài: to accelerate

你不能跟别的公司合作。"

方新心里热热的，连说了几遍
"谢谢"。

之后，方新给谢红打电话，表示
同意将软件³和CAT电脑放在一起卖。　5
谢红说："好啊，那你到我们公司来
签³⁹个合同⁴⁰吧。"

CAT中国分公司¹⁶就在中关村的
北边不远。方新骑着自行车，穿过三
个红绿灯路口，再往西一拐就到了。　10
这是一座八层新楼，楼前边有一条小
河，河边是一大片绿地，后边有一座
小山，山上种了许多树。这里空气很
干净，风景也很美丽。方新想，外国
大公司到底还是有钱，把办公室选在　15
这么好的地方。

方新不知道谢红在几号房间，正
想打电话问，突然看到钱贵从楼里出
来，向他摆手。方新没想到会在这里
遇见他，走过去问："你也来这里？"　20

钱贵笑了笑："我早就在CAT上
班啦，和谢红是同事。谢红让我来接
你，跟我来吧。"

39. 签 qiān: to sign
40. 合同 hétóng: contract

走进大楼，<u>方新</u>看到这里大部分是<u>中国</u>人，也有不少外国人，说的差不多都是<u>英语</u>。楼里摆着一些书和杂志，大部分也是<u>英文</u>的。好像是在告诉人们，这是一家国际大公司。

来到<u>谢红</u>的办公室，<u>谢红</u>给他倒了一杯水，给他一份合同⁴⁰和一支笔。合同⁴⁰有两页纸，<u>方新</u>看了看，问："'<u>新月中文</u>'跟CAT电脑一起卖，就不能再跟其他电脑一起卖。这是什么意思？以后我不能再和<u>北科</u>公司合作了？"

"就是这个意思！"<u>谢红</u>说，"<u>北科</u>电脑是CAT电脑的竞争对手，你跟我们合作了，怎么还能跟他们合作？"

"这条不合适！这个条件要改一下，我希望和<u>北科</u>公司继续合作。"

"你是担心光跟我们合作，钱会少？放心，只要你不跟<u>北科</u>公司合作，我可以给你更多的钱。"

"不是钱的事。<u>北科</u>公司在我最困难的时候，帮助了我，我不能忘记他们。'<u>新月中文</u>'要跟CAT电脑一起卖，<u>北科</u>公司也没有提不同意见，还支持我这样做。现在要我把他们丢<sup>33</sup>在一边，我做不到<sup>41</sup>，也不能这样做！"

谢红不高兴了："你要是真想帮我的话，怎么能跟我的竞争对手合作？这条不能改，一定得这样。在CAT公司和北科公司之间，你只能选择一个。选择了我们，就不能再选择他们！"

方新只好放下合同<sup>40</sup>："要是你们坚持不改的话，这个合同<sup>40</sup>我没办法接受。"

41. 做不到 zuò bu dào: can not do something

"方新!"谢红脸一会儿红一会儿白,"你怎么能这样!跟CAT这样的大公司合作,是很多人想都不敢想的事。虽然我需要你的帮助,但我也是想帮助你!"

"对不起,除了这一条,其他全部条件我都能接受。但这一条我真的不能接受。我希望多卖些软件[3],但我不能这么做人。"

谢红生气了,冷冷地说:"那就不必再谈下去,我们之间的一切,也结束了!你走吧,以后我们各走各的路!"

方新心里很难过,高一脚低一脚走出了CAT公司。

Want to check your understanding of this part?
Go to the questions on page 92.

# 6. 生日之夜的电话

　　因为受到 CAT 电脑的影响，北科电脑少卖了很多。"新月中文"卖的套数[42]也减少了。蓝迅几次跟方新说："你快点儿把新软件[3]搞出来，它对我们两家公司都很重要。"方新明白这个道理，也希望早点把软件[3]做完。这几个月，他跟桑林他们总是加班[24]，忙个不停。

　　秋天到了。北京的秋天十分美丽，天更蓝，云更白，树和草有的已经变黄，有的已经变红，风轻轻吹着，感觉非常舒服。更让方新高兴的是，经过半年的努力，"新月中文 2.0"差不多要完成了！

　　虽然花了不少时间，但新软件[3]确实比老软件[3]好用很多。方新把新软件[3]的情况向蓝迅做了介绍，蓝迅听了也很有兴趣，说："看到你们这么努

5

10

15

---

42. 套数 tàoshù: number of copies (software)

力，我就感到我们民族软件<sup>43</sup>有希望！"

几个年轻人建议早点儿拿出去卖。方新却认为，不要急着卖，先要内部试用<sup>44</sup>一下，发现什么问题先改过来，没问题了再拿去卖，才能让大家满意。他带着桑林他们，对软件<sup>3</sup>进行了认真的检查，查得很细，哪怕<sup>10</sup>一点小问题，也要改过来。

这一天，方新正跟同事一起，在办公室检查软件<sup>3</sup>，桑林突然跑进来，手里拿着一份报纸，着急地说："你们快看，CAT中国分公司<sup>16</sup>也做了一个软件<sup>3</sup>，叫'中文办公<sup>45</sup>'，已经开始卖了！跟CAT电脑一起卖！"

方新接过报纸一看，只见上面有一篇很长的文章，介绍"中文办公<sup>45</sup>"，说"中文办公<sup>45</sup>"是目前最好的中文处理软件<sup>3</sup>，对中国人十分合适。从文章介绍看，这个软件<sup>3</sup>很多地方跟"新月中文2.0"差不多。方新觉得奇怪："他们怎么也做了这样的软件<sup>3</sup>？还比

---

43. 民族软件 mínzú ruǎnjiàn: national software
44. 试用 shìyòng: to try (a product)
45. 中文办公 Zhōngwén Bàngōng: Chinese Office, name of a software program (办公: to work in office)

我们的卖得早!"

　　大家拿着报纸看来看去⁴⁶，都不知道这到底是怎么了。

　　方新快步走出办公室，跑步来到楼下一家软件³商店。一进门，他就看到墙上贴着一大幅画儿，上面有"中文办公⁴⁵"的照片和软件³介绍。商店里有很多人在买这个软件³，方新也买了一套。跑着回到公司，装好软件³试用⁴⁴一下，更加感到奇怪，"中文办公⁴⁵"跟他们的"新月中文2.0"太像了！

5

10

---

46. 看来看去 kànlái kànqù: to look at something for several times

"太糟糕了！两种软件³差不多，而'中文办公⁴⁵'先开始卖，'新月中文 2.0'落在后面，这对我们影响很大。做软件³最怕遇到这种情况。"方新说，"我们赶快安排生产，这几天就把软件³拿出去卖，越快越好！"

经过几天紧张的准备，"新月中文 2.0"总算³⁶生产出来了，很快送到几家大的软件³商店。同时，方新也找了几家报纸，请他们介绍这个软件³。

还好，"新月中文"到底已经卖了几年，也算是名牌软件³。很多人已经习惯了用这个软件³，虽然有"中文办公⁴⁵"，但"新月中文 2.0"一出来，他们还是选择了这个软件³。从几天的情况看，卖得还不错。新软件³很快也送到了北科公司，跟北科电脑一起卖。从北科公司的情况看，卖得也不错。这让方新心里轻松了些。

这是深秋⁴⁷的一天，正好是小月的生日。方新下班时，买了一个生日蛋糕¹⁵回家。小月多做了几个菜，还准备了好几种水果。方新倒了两杯酒，举杯说："这几个月我忙着做软件³，

47. 深秋 shēnqiū: late autumn

46

没空儿陪你。现在软件³做出来了，卖得也不错，我算是轻松了。今天要好好陪你过个生日，来，干杯，祝你生日快乐!"俩人就喝了一杯。小月不会喝酒，一喝脸就红，不过看上去倒是更加可爱。

　　俩人一边看电视节目，一边吃饭。吃完饭，休息了一会，又吃了些蛋糕¹⁵。方新说："好久没跳舞了，今天我们跳个舞吧。"说着放起音乐，抱着小月在客厅里跳起舞来。

　　刚刚转了几分钟，方新的手机响了。一接，原来是谢红打来的，她声音很大："方新! 你怎么能这样干? 不愿意帮我也就算了，但你怎么能害⁴⁸我?"

　　方新说："你什么意思? 我什么时候害⁴⁸你了?"

　　谢红说："你还真会装! 你们不是搞个了'新月中文2.0'吗，里面很多东西跟我们的'中文办公⁴⁵'完全一样，这是抄袭⁴⁹! 你们的软件³不能再卖了!"

48. 害 hài: do harm to someone
49. 抄袭 chāoxí: to plagiarize

方新觉得好笑[50]："你开玩笑吧？'新月中文'是我们设计出来的，我们做软件[3]好多年了，你最好先把情况搞清楚。"

谢红很生气："谁跟你开玩笑！今天我只是想告诉你，你不要乱来，现在时代不同了，总是有讲道理的地方！"说着就挂了电话。

小月听到他们说话，奇怪地问："那女的是谁？"

方新装着很轻松的样子："另一家公司的，说我的软件[3]抄袭[49]他们。这怎么可能呢？他们一定是搞错了。"

"哦……"小月好像担心着什么，但没有说出来。

方新也没了心情，俩人不再跳舞，看了会儿电视，就睡了。

第二天中午，小月带着些好吃的东西，来到新月电脑公司，对大家说："这些日子你们都累坏了，我做了几个菜，大家快吃吧。"几个年轻人高兴地吃起来。小月没有跟他们一起吃，她走进方新办公室，东看看，西

50. 好笑 hǎoxiào: funny

看看。方新叫她："你怎么不吃，一起
吃吧。"小月说："你们吃吧。你办公
室太乱了，我收拾一下。"方新就和桑
林他们一起吃饭。

　　小月关上门，帮着整理房间，一          5
边收拾，一边又像在找什么东西。突
然，她发现一本书里放着几张照片。
照片里，方新和一个女的坐在床上，
那女的还紧紧靠在他身上。她的脸一
下白了，想问方新，看到公司有好多          10
人，就没问，只是把照片装进自己包
里。过了一会儿，她说还要赶回去上
班，就离开了。

　　晚上，方新回到家，看到家里黑
黑的，以为小月没回来。一开灯，却          15
看到小月坐在客厅里，看起来很不高
兴。他觉得奇怪，问："你怎么灯也不
开？生病了？"

　　小月把几张照片丢[33]在桌上："你
说说吧，这女的是谁，你们干了什么？"    20

　　方新好像明白了什么，忙说："这
是谢红……"

　　"谢红？！"小月的脸更难看[51]了，

51. 难看 nánkàn: ghastly (expression)

　　"她什么时候回来的？昨晚打电话来的
是不是她？"

　　　"是她，不过我们之间没有什么
事。"

5　　　小月冷笑<sup>52</sup>一下，说："你自己看
看照片，这是在房间里拍的，在床上
拍的，还说没什么事！昨晚听到那个
电话，我就感觉有问题！如果光是工
作上的事，哪个女的会晚上给你打电

10　话？"

---

52. 冷笑 lěngxiào: to sneer

"小月，你听我说！"方新不想让小月生气，忙把事情的前前后后讲了一遍。

小月根本不相信，哭了起来："你一方面说爱我，一方面又跟她搞在一起，这么长时间，一个字也没跟我提过，你让我怎么相信你！"这是结婚以来，小月第一次跟方新吵架。

晚上，小月不愿意跟方新睡在床上，自己躺在客厅沙发上。半夜里，天刮起了北风，还下起小雨，气温低了好几度，一下子⁶变得很冷。第二天，小月就生病了，感冒、咳嗽。方新说陪她去医院看病，她不去，连药都不想吃。结果病得更重，发烧，烧到40度，路都不能走，后来不得不⁵³住院，好不容易⁵才好起来。

但她和方新的关系，却不像从前那么好了。

> Want to check your understanding of this part?
> Go to the questions on page 92.

---

53. 不得不 bùdébù: have to

# 7. 谁是抄袭者[54]?

这一天，天阴阴的，还下起了小雪。方新突然从报纸上看到一条新闻：CAT中国分公司[16]向法院[55]起诉[56]，认为"新月中文2.0"抄袭[49]，要求新月电脑公司不再卖这个软件[3]，并且赔偿[57]CAT公司4,000万元。

人们很快知道了这个消息。从上午开始，好多软件[3]商店打电话来问："你们的软件[3]到底有没有问题？我们担心CAT公司找麻烦，暂时[58]不打算卖你们的软件[3]了。"

蓝迅也打电话问方新："我看了两个软件[3]，很多地方一样。到底是不是抄袭[49]？希望快点儿搞清楚。"

方新说："蓝教授，请您放心，'新月中文2.0'不可能抄袭[49]别人！希

54. 抄袭者 chāoxízhě: plagiarist
55. 法院 fǎyuàn: court
56. 起诉 qǐsù: to sue
57. 赔偿 péicháng: to compensate
58. 暂时 zànshí: for the time being

望我们的合作不要受影响。"

　　蓝迅有些为难[59]："我再坚持一些日子吧，看法院[55]到时候怎么说。"

　　方新知道，在现在的情况下，只有通过法院[55]来告诉大家，人们才会相信他没有抄袭[49]，商店才敢继续卖这个软件[3]，大家才能放心买。他心里十分着急，饭也吃不好，一下瘦了好几斤。

　　经过一个多月的准备，法院[55]开始审理[60]这个案件。好几家报纸、杂志都关心这件事情，派人来了解。方新自己来到法院[55]，但他没有看到谢红，只看到钱贵，看样子是让钱贵代表她。

　　法官问了钱贵几个问题，钱贵说，CAT中国分公司[16]早就开始了中文软件[3]的研究。他们怕软件[3]被人抄袭[49]，所以研究的情况一直不敢对外说。没想到，软件[3]刚开始卖，就被人抄袭[49]。

　　法院[55]的人也问了方新几个问题，方新表示，"新月中文2.0"是他

---

59. 为难 wéinán: to be in a hard place (to decide), hesitate
60. 审理 shěnlǐ: to hear (a case)

们自己研究出来的，没有抄袭[49]任何人。

　　法院[55]请一位姓黄的大学教授谈看法。黄教授说："根据法院[55]的安排，我和另外四位软件[3]专业的教授对'新月中文2.0'和'中文办公[45]'进行了对比。这两个软件[3]不但设计很接近[61]，而且软件[3]中有3,200多个地方完全一样。出现这样的情况，说明一个问题，一定有人抄袭[49]。到底谁抄袭[49]谁，相信法院[55]会查清楚。"

　　钱贵站起来说："刚才教授说得对，一定有人抄袭[49]！'中文办公[45]'

61. 接近 jiējìn: close

先做完，先开始卖。'新月中文 2.0'
后做完，后开始卖。如果是抄袭<sup>49</sup>，
一定是后面的抄袭<sup>49</sup>前面的。'中文办
公<sup>45</sup>' 刚刚开始卖的时候，方新就到
软件<sup>3</sup>商店买了一套软件<sup>3</sup>。他自己是    5
做软件<sup>3</sup>的，用不着这种软件<sup>3</sup>，他买
这个软件<sup>3</sup>干什么？不就是为了抄袭<sup>49</sup>
吗?"

　　法官让钱贵坐下，又问了一些别
的问题，最后认为"新月中文 2.0"抄    10
袭<sup>49</sup>了"中文办公<sup>45</sup>"，要求新月电脑
公司不得再卖"新月中文 2.0"，并且
赔偿<sup>57</sup>CAT 中国公司 3,500 万元。

　　法院<sup>55</sup>真的认为他们抄袭<sup>49</sup>! 方新
不敢相信自己的耳朵!    15

　　新月电脑公司抄袭<sup>49</sup>的消息，很
快出现在各家电视、报纸、杂志上。
各地软件<sup>3</sup>商店有的打来电话，有的发
来电子邮件，表示从现在起，不再卖
"新月中文 2.0"。    20

　　蓝迅也发来一条短信<sup>62</sup>，告诉方
新："我们不能让你的软件<sup>3</sup>与北科电
脑一起卖了。虽然我们希望民族软件<sup>3</sup>

---

62. 短信 duǎnxìn: short message, SMS

加快<sup>38</sup>发展，但抄袭<sup>49</sup>别人是不行的，北科公司不能支持抄袭<sup>49</sup>！"

方新没有说什么，他知道说多了也没用。

更麻烦的是，他们还要赔偿<sup>57</sup>CAT中国公司3,500万元。为了做好"新月中文2.0"，方新差不多花掉了所有的钱。软件<sup>3</sup>收回的钱，一共才几百万元。对于3,500万来说，这只是个零头<sup>63</sup>。如果软件<sup>3</sup>不能继续卖，公司将出现严重经济困难，恐怕是办不下去了。

公司几个年轻人你看我，我看你，互相问："这样下去，我们的工资还发得出来吗？"

一个年轻人抱着试试看的想法，问方新："在这里也做不了什么事了，我想离开，行吗？"

方新说："公司目前确实遇到了很大困难，但我相信困难一定能够解决。不过，什么时候能解决，我也说不好<sup>64</sup>。你要是想离开，没关系，可以走。大家都需要生活，需要养家<sup>65</sup>，

---

63. 零头 língtóu: a small fraction
64. 说不好 shuō bu hǎo: to be unable to say for certain
65. 养家 yǎng jiā: to support a family

我不能影响你们!"

桑林一听这话，也走过来说："对不起，我也想走，不好意思。"

其他几个年轻人也说："我们也想走，实在不好意思。"

方新全都同意。没多久，这些年轻人全部离开了公司。方新看着空空的办公室，心情糟糕极了。

晚上，方新很晚才回家。这些日子，小月跟他的关系不好，不跟他说话，饭也不愿意做，只是从超市买些东西，简单填饱肚子。家里脏了乱了，她也不认真收拾。方新想到公司的情况，又想到和小月的关系，感到十分难过。

走到家门口，方新正想自己开门，小月却把门给他打开了。一进门，就有一种很香的味道，方新到厨房一看，小月已经做好晚饭，包了饺子，还做了菜和汤。再看看家里，房间收拾得很干净，地也擦得很干净。小月今天好像变了!

"饿了吧? 快吃饭。"小月说。

方新去卫生间洗了手，就坐下来

吃。一边吃一边开玩笑说："我觉得，今天太阳从西边出来了？"

小月笑了起来："现在我相信了，你和谢红可能真的没什么事。如果你们俩好，她不会这样对你。不过，你跟她见面，为什么早不跟我说？你们一起生活过，现在她从外国回来，你们见个面，一起吃个饭，我都没意见。但你不跟我说，我就觉得你们有问题。"

"我知道了，以后有什么事，我都会告诉你，不让你多想，不让你生气。"

"这还差不多，丈夫对妻子，就

得这样。"小月笑着说，"软件³的事情报纸上都说了，我也知道了。你打算怎么办?"

方新说："我不同意法院⁵⁵的说法，想让法院⁵⁵继续查，查清楚。"

小月说："我跟你结婚好几年了，别人不了解你，我了解你。我相信你们没有抄袭⁴⁹。你别太担心，别睡不好觉、吃不好饭。软件³是受国家保护的。社会在进步，不会黑白不分⁶⁶。但我们要赶快搞清楚，问题出在哪里。"

5

10

Want to check your understanding of this part?
Go to the questions on page 93.

---

66. 黑白不分 hēibái bù fēn: can not tell right from wrong, to confound right and wrong

# 8. 真相[67]到底是什么?

新年前后，下了好几场雪，还常常刮起北风，气温低到零下好几度。这一天，小月下班回家，在公共汽车上，听到有个声音在说："服务员，买两张票。"听声音很像桑林。一看，真的看到桑林和女朋友程微也在车上。几个月没见，他们没有太大变化。车上人多，他们没有发现小月，小月也没有过去跟他们说话。不过，她发现桑林和程微好像跟以前有些不一样。以前他们俩在一起，总是有说有笑，现在俩人却很少说话。他们也吵架了？坐了几站路，小月觉得奇怪，桑林和程微以前在北边租房子住，而这辆车是朝西边开的，他们怎么坐错方向了？他们要去哪里？是换宿舍了吗？

小月本来应该下车，但她没有下，她想跟着去看一下。汽车往西开

67. 真相 zhēnxiàng: truth

了半个多钟头,来到北京城西边一个
新小区。桑林和程微下了车,一前一
后走进小区。小月也下了车,不远不
近跟在后面,看着他们走进一座高
楼,上了楼。他们改租这里的房子了? 5

　　这个小区叫"红苹果",建设得很
漂亮。汽车进出小区,全部从地下
走。地面[68]上全是绿地[69],种着树和花
草,人和车分开走,互相不影响。不
过,"红苹果"小区离城里很远,周围 10
超市、饭馆很少,生活还很不方便,
一般人不会租这样的房子。

---

68. 地面 dìmiàn: ground
69. 绿地 lǜdì: green area, parkland

小月看到有个女的拉着狗在院子里散步，就走过去问："阿姨，您知道这里的房子怎么租吗？"那女的回答说："住在这里的都是买的房子，租房为什么到这儿来？太不方便了。"

"哦，谢谢你。"小月更加奇怪，桑林和程微也是在这里买的房子？

她在小区转了一会儿，才坐车离开。回到家，上网查了查"红苹果"小区的情况，心里更加奇怪，这个小区房价并不便宜，一套房子，两间卧室一间客厅，差不多要一百万，桑林他们哪儿来的钱买房？

第二天下午，小月来到程微工作的小学，在学校门口等了一会儿，孩子们就下课了，带着书包，有的还拿着乐器，排着队从教室出来。一出大门，就被等在那里的爷爷奶奶、爸爸妈妈接走了。学生都走了以后，老师们才离开学校回家。

小月等了快一个小时，才看到程微从学校出来。她走上前说："程老师，你好！"

程微一看是她，高兴地说："小月姐，是你呀。"

　　<u>小月</u>说:"我正好到附近办事,好久没见你了,就过来看看。你怎么这么晚才走?"

　　<u>程微</u>说:"我刚刚在给孩子们改作业。我教四年级,作业、练习多一些。"

　　"好久不见,想跟你聊一会儿。"<u>小月</u>说着,拉着<u>程微</u>来到旁边人少的地方。"<u>桑林</u>离开了<u>新月公司</u>,我也就见不到你了。你们还好吧?<u>桑林</u>现在在哪里上班?"

　　<u>程微</u>说:"<u>桑林</u>没上班,最近在收

5

10

拾房子。"

"买房子了？是不是准备结婚了？"

程微好像有什么心事[70]："大概是吧，我也说不好。"

"你们在哪儿买的房？"

程微说："红苹果小区。"

"我听说过红苹果小区，价钱不便宜，买一套，怎么也得一百多万。程老师，你可真有钱！"

"我参加工作没多久，哪儿有什么钱啊？是桑林买的。"

小月以前去新月公司的时候，跟桑林和程微聊过，了解一些他们的情况。桑林家在农村，家里经济条件不好，不可能给他钱。他到新月公司后，工资虽然高，但干的时间不长，也存不了多少钱。"桑林怎么有这么多钱？是不是中了大奖[71]啊？"

程微苦笑[23]一下："我也不知道，他不跟我说。"

小月拉着她的手，关心地说："好妹妹，你们买房子，准备结婚，是喜

---

70. 心事 xīnshì: something weighing on one's mind

71. 大奖 dàjiǎng: big prize, top prize

事[72]，有些话我可能不应该在这个时候
说。但是，男人突然间有很多钱，或
是突然间很多钱没了，这里面可能都
有问题。新月公司最近发生了一些事
情，虽然有些情况现在还不清楚，但 5
我觉得，问题可能出在公司内部。程
微，从认识你开始，我一直认为你是
个好姑娘，更是位好老师，你做人做
事都特别认真，特别负责。我今天来
找你，也是想请你帮我们了解一些 10
情况。"

程微低着头："小月姐，桑林在新
月公司的时候，你和方新对我们都挺
照顾。我也不把你当外人[73]，其实，说
到现在的一些情况，我心里也有点担 15
心。桑林突然有钱买房，我也觉得奇
怪。前些时候，为了弄清楚他从哪里
弄到这么多钱，我问了他很多次，可
是，每次他都不认真回答我，为了这
个，我们已经吵过好多次架了……这 20
样吧，我今天回去再问问他。"

分别后，程微坐车回到红苹果小
区。桑林的房子在一栋高楼的第19

---

72. 喜事 xǐshì: joyous occasion, a blessing
73. 外人 wàirén: outsider

层，从窗户看出去，能看得很远。桑林正在家里收拾东西。看到她回来，张开手说："欢迎回家！"又跑到厨房倒了一杯果汁给她喝。

程微却是一副不大高兴的样子："你打算什么时候去上班？不能天天待在家里呀，不上班哪儿有钱？"

桑林说："不着急。等你学校放假了，我们先结婚，然后到外国旅游。这两天我们就去申请办护照，再找个旅行社，帮忙办签证、买机票。我想坐坐外国的火车，再坐船看看大海。等玩儿够了，再回来找个地方上班。"

程微说："你可真会玩儿，这得花多少钱啊！又买房，又出国旅游，咱们哪儿有那么多钱？"

桑林说："钱嘛，你不用担心。"

程微更担心了，说："桑林，你喜欢我吗？爱我吗？"

"当然爱你。我买这房子，不就为了我们有个家吗？"

"爱一个人，很多事情又不跟她说真话，这是真的爱她吗？桑林，我们今天不要再吵架了，我最后问你一次，请你认真回答我，买房子的钱到底是从哪儿来的?"

桑林脸色一变，好一会儿才说：
"不是跟你说过吗？我为新月公司软
件³研究做了好多事，他们给的奖金。"

程微说："我了解过了，新月公司
工资虽然高，但软件³刚开始卖，还没
有发什么奖金。你存的那点钱，买不
了这套房子。"

桑林不说话了。

程微又说："你参加了'新月中文
2.0'的研究，这个软件³有没有抄袭⁴⁹
别人？为什么很多地方和'中文办公⁴⁵'

5

10

一样？你应该清楚，能不能跟我说说？"

听到这里，桑林的脸一会儿红一会儿白，声音也大了很多："你别问那么多了！"

程微不再说话，走进卧室，拿出一个大包，把自己的衣服装进包里。桑林一看，忙问："你要干什么？"

程微说："我们马上就要结婚了，可你到现在都不跟我说真话！你让我怎么相信你？你要这样下去，我不想结婚，也不想住在这里。你买的房子，你自己住吧！"

桑林害怕了，紧紧拉住她："你不能走，我所做的一切，都是为了你！"

程微停下来："我在学校当老师，天天教育孩子们要实在⁷⁴做人、认真做事²⁹。如果我自己丈夫做人都不实在⁷⁴，我还怎么当这个老师，怎么给孩子们上课！桑林，我知道你想让我过好日子，但钱少一点没关系，只要好好工作，我们生活没有问题。买不起房子也没关系，可以继续租。以前我们住

74. 实在 shízài: honest, dependable

租来的房子，不是也很快乐吗？告诉我吧，你到底做了什么？"

　　桑林低下了头，黑色的眼镜后面，两只眼睛慢慢红了。

Want to check your understanding of this part?
Go to the questions on page 93.

# 9．在法院[55]见面

方新向法院[55]提出[75]上诉[76]，法院[55]同意他的要求，决定再次审理[60]这个案件[77]。

又是一个下雪天，北京城到处白白的。方新很早就来到法院[55]。这一次，小月也陪着他来。很多报纸杂志的人也早早来到这里，想看看有什么新闻。不少关心这个案件[77]的人也前来旁听[78]。虽然雪下得很大，来的人还是很多。

谢红没有来，还是派了钱贵来。钱贵远远看见方新，抽[79]了抽[79]鼻子，好像在说："你再上诉[76]也没用，别白[80]忙了!"

法官首先问方新一些问题，方新

75. 提出 tíchū: to propose, to raise (issues)
76. 上诉 shàngsù: to appeal
77. 案件 ànjiàn: legal case
78. 旁听 pángtīng: to sit in (at a hearing or meeting, in a class)
79. 抽(鼻子) chōu (bízi): to snuffle, to sniff
80. 白 bái: in vain

介绍了近几年研究"新月中文"的经过，表示："我们没有抄袭<sup>49</sup>'中文办公<sup>45</sup>'，是'中文办公<sup>45</sup>'抄袭<sup>49</sup>了我们!"

钱贵站起来，指着他的脸："不要乱讲<sup>81</sup>!"

5

法官让钱贵坐下，问方新："你为什么这么说?"

方新说："我想请一个人来说明一下。"法官同意了。

10

这时进来了一个男子，帽子戴得很低，一时<sup>14</sup>看不清楚他的脸。男子脱下帽子，钱贵马上从座位<sup>82</sup>上跳了起来，认出<sup>83</sup>那是桑林。钱贵的脸变得像雪一样白。

15

法官问："你叫什么名字? 做什么的?"

桑林说："我叫桑林，曾经在新月电脑公司工作，参加了'新月中文2.0'的研究设计。这个软件<sup>3</sup>和'中文办公<sup>45</sup>'的关系，我最清楚。"

20

钱贵一听又跳起来，指着桑林：

---

81. 乱讲 luànjiǎng: to make irresponsible remarks
82. 座位 zuòwèi: seat
83. 认出 rènchū: to recognize

"你这个坏东西，敢在这里乱说，回头[84]我收拾[85]你！"钱贵想跑过去，但警察马上按住了他。

桑林有些害怕，程微握了握他的手："别怕，到前面去，把情况说清楚。"桑林就来到前面，把情况说了出来……

原来，"新月中文 2.0"设计工作开始后不久，钱贵突然来找桑林，请他吃饭。桑林跟钱贵并不认识，但听说钱贵是 CAT 中国公司的，心想多交个朋友也不错，就同意一起吃饭。

吃饭时，钱贵问了他一个月拿多少钱，就说："你拿得太少了。像你这样名牌大学软件[3]专业毕业的，水平又这么高，到 CAT 公司的话，工资少说也得增加一倍，每月至少[86]2 万块，有时还能拿点美元呢。"

桑林听了有些动心[87]，钱贵又说："CAT 中国公司也准备做软件[3]，非常需要水平高的人。你有兴趣的话，我可以帮你介绍介绍，让你参加进来。"

84. 回头 huítóu: later
85. 收拾 shōushi: to tidy up (a room, etc); to take sb. or sth. in hand
86. 至少 zhìshǎo: at least
87. 动心 dòng xīn: to be tempted

桑林就请钱贵帮忙介绍。过了几天，钱贵又来找桑林，对他说："CAT公司是国际大公司，很难进，得看你对公司有没有用，确实有用，才能让你进来。你们不是正在搞'新月中文2.0'吗？把这个软件³的设计计划给我，我好跟公司说，你是有工作经验的人。"

桑林说："公司有要求，设计计划不能给外人⁷³看。"

钱贵说："你放心，这东西对我们没用，公司只是想全面⁸⁸了解你的情况。再说，我们也不会给外人⁷³看。"

桑林还是觉得不能给他。钱贵也没再问，聊了点别的，然后说："虽然刚跟你认识，但我觉得你这人挺好的，我希望和你交个朋友。我这里有台笔记本电脑⁸⁹，公司给的，我不用，送你吧。"说着给了桑林一个电脑包。

桑林打开一看，里面装着一台全新的CAT电脑，如果在商店买，至少⁸⁶要一万多块。"这么贵的礼物，我怎么能收。"

88. 全面 quánmiàn: comprehensive
89. 笔记本电脑 bǐjìběn diànnǎo: laptop

73

钱贵笑了笑："这不算贵。在CAT
公司，这样的电脑每个人都有。你比

我小几岁，我把你当弟弟看。你要是
听哥的话，跟CAT公司搞好关系，很
快就会有钱。别说<sup>90</sup>电脑，就是买房
子买汽车，都不成问题。"

  桑林这才收下电脑。分别时，钱
贵关心地说："CAT是大公司，机会难
得<sup>34</sup>，你千万别错过<sup>91</sup>。那份设计计
划，你还是考虑一下吧？"桑林点了点
头。第二天，他把软件<sup>3</sup>设计计划给了
钱贵。

  过了几天，钱贵又来找桑林："老
弟，你们的设计计划是不是好几个人
一起做的？"桑林说"是"，钱贵就
说："我跟领导报告了，领导说，计划
一定是好几个人一起做的，光看这个
计划，看不出你个人的水平。这样
吧，你把你写的那部分软件<sup>3</sup>程序<sup>92</sup>，
也给我们看看。"

  桑林说："这不合适吧？我写的程
序<sup>92</sup>，是为新月公司写的，公司要求一
定不能给外人<sup>73</sup>。"

  钱贵拍了拍他的手："你担心什么

5

10

15

20

---

90. 别说 biéshuō: let alone, not to mention
91. 错过 cuòguò: to miss, to lose
92. 程序 chéngxù: program

呀，领导对你很有兴趣，才提这个要求，目的是进一步了解你，没有别的意思。如果对你不感兴趣，就什么要求也不提了。"

5　　桑林还是觉得不合适，不能给。

　　钱贵拿出一包钱给桑林："上次听你说过，你正存钱[93]准备买房子，这10万块钱，算是哥哥我支持你的。我给外国公司打工，也要看他们的脸色。领导要我办的事，我要是没办好，他们就会对我有看法。软件[3]的事，就算你帮哥哥一次。行吗？"

　　桑林还是有些为难[59]，但看到那10万块钱，最后还是动心[87]了："好吧，那你千万不能给别人，不能拿去用在别的地方。"

　　钱贵拍了拍桑林，说："老弟放心！哥从来说话算数[94]。"

　　两天后，桑林把自己写的软件[3]程序[92]给了钱贵。过了一个星期，钱贵又约桑林见面，说："公司领导对你非常满意，认为CAT公司非常需要你这样的人，特别提出，要给你高工资，

---

93. 存钱 cún qián: to save money
94. 算数 suàn shù: to keep one's word, to be accountable

帮助你解决生活困难。"

桑林问："我可以去 CAT 公司上班了?"

钱贵说："上班倒不着急。现在是新时代，网络[9]很方便，不用去 CAT 公司上班，一样能为 CAT 公司做事[29]，能拿 CAT 公司的钱。特别是对你这样做软件[3]的人，更是这样。你还是在新月公司上班，我会经常安排你做点事，每做一件，都会付钱给你，不会让你白[80]干。这样的话，你能拿新月公司的工资，又能拿 CAT 的钱，不是更合适吗?"

桑林觉得不大对，但一想到能拿两份工资，也就不说什么了。

后来，钱贵真的经常让桑林设计一些软件[3]。桑林白天在新月公司上班，给新月公司写软件[3]，周末和晚上却经常给钱贵打工。钱贵让他写软件[3]，是一部分一部分安排他做的，桑林不知道整个软件[3]叫什么，只是感到很多要求跟新月公司的差不多。有时候，他就把给新月公司写的软件[3]，大概改一改，交给钱贵。钱贵每次都给他不少钱，前前后后给了十多次，加起来

5

10

15

20

25

共九十多万元。

　　一直到"中文办公[45]"在商店开始卖，桑林才明白，原来钱贵做的也是中文软件[3]。他很害怕，担心出麻烦，就打电话问钱贵："你们怎么做了这样的软件[3]？把我给你的设计计划、程序[92]，全都用在上面了，这太不合适了，你们不能这样做！"

　　钱贵说："这你就别管了。你给我的每一样东西，我都付钱给你了。这些钱你怎么用，买房子也好，买汽车也好，我都不管。你给我的东西，我

怎么用，你也不要管。"

桑林很生气："你怎么说话不算数[94]啊?"

钱贵冷笑[52]一下："这件事情，只有我们俩知道，希望你跟谁都不要说。你放心，只要你不说，什么事都没有。你赶快买套房子，早点结婚吧。不过，你要是说出去，那也别怪我不客气!"

5

Want to check your understanding of this part?
Go to the questions on page 94.

# 10. 春天还有多远?

　　法院<sup>55</sup>里十分安静。听完桑林的话，在场的人都出了一口长气——原来是这样!

　　钱贵站起来说:"不要相信他! 这不是真的!"

　　法官让他坐下，问桑林:"你说的是真的吗?"

　　桑林说:"跟钱贵见过几次后，我感到他的要求很特别，心里很担心，就把我们见面的谈话录了音<sup>95</sup>。我把这些录音<sup>95</sup>也带来了。"

　　法官当场放了录音<sup>95</sup>，大家一听，确实是钱贵和桑林的声音。钱贵急了，说:"桑林，我看你是活够了，看我踢死你!"想跑过去打桑林，但警察马上按住了他。

　　桑林说:"最后，我还想跟方新说句话，我对不起新月公司，对不起方

---

95. 录音 lù yīn: to record, recording

新，很对不起……"

当天，法院<sup>55</sup>宣布审判结果，认为"中文办公<sup>45</sup>"抄袭<sup>49</sup>了"新月中文2.0"，要求 CAT 中国公司不得再卖"中文办公<sup>45</sup>"，并且赔偿<sup>57</sup>新月电脑公司3,700万元……

从法院<sup>55</sup>出来，方新想找的第一个人就是桑林，但桑林已经走了，打他手机，也已经关机<sup>96</sup>。

晚上，方新和小月来到城市西边的红苹果小区，好不容易<sup>5</sup>找到了桑林的家。桑林打开门，没想到是他们，表情<sup>97</sup>很不自然。

方新说："谢谢你，桑林，我是来向你表示感谢的，谢谢你说出了真相<sup>67</sup>。"

桑林让他们进了门，红着脸说："实在对不起你，很不好意思。"

方新说："没关系，人都有做错事的时候，改了就好，你别太放在心上。"

小月看到房间里放着很多东西，一包一包的，就问程微："你们这是干什么?"

程微说："我们决定卖掉这套房

96. 关机 guān jī: to turn off (a cell phone)
97. 表情 biǎoqíng: facial expression

子，把钱还给 CAT 公司。那些钱来得不干净，不还给他们，我们心里难受。"

小月说："房子卖了，你们住哪儿啊？"

程微说："继续租房子，我们打算在出租房结婚。"

小月想了想，说："小妹，能不能听我一个建议？CAT 的钱一定要还，咱们不能拿那样的钱。但房子可以不卖，在北京买套房子多么不容易。你们还是在这里住着，在这里结婚。"

程微苦着脸："不卖房子，哪有钱还他们？"

小月说："我们帮你们！"

方新听到她们的话，也说："小月说得对，我们会帮助你们。另外，桑林不是还没到别的公司上班吗？希望你能回新月公司，我们需要你！"

桑林说："谢谢，让我再考虑一下吧。"

新的审判结果很快出现在报纸和电视上，这下"新月中文 2.0"更有名了。各地的软件³商店接连打电话来，要求继续卖这个软件³。蓝迅也给方新打电话说:"我看到消息了,为你高兴! 北科公司将继续和你们合作,我相信明天一定会更好!"

　　方新的公司各方面工作慢慢又正常<sup>98</sup>起来。不久,他们收到了 CAT 中国公司赔偿<sup>57</sup>的钱,从这些钱里拿出一些给了桑林,桑林把钱还给了 CAT 公司。

　　又过了一些日子,方新突然接到谢红的电话。她声音很低:"发生这样的事,我心里很难过。本来我不想多说什么,但想来想去<sup>99</sup>,还是向你作点说明比较好。CAT 中国分公司<sup>16</sup>做软件<sup>3</sup>,这个主意最早是钱贵提出来的,我本来想,做个软件<sup>3</sup>,与 CAT 电脑一起卖,也许能让电脑卖得更好一些,就同意了,并把这个工作交给钱贵负责。我没想到,钱贵没有好好做软件<sup>3</sup>,却干出抄袭<sup>49</sup>这种事。好多人以为这事是我干的,其实不是。CAT 公司是有世界影响的大公司,公司不希望出现这种情况。我了解公司的文化,也不愿意出现这种情况。如果我

5

10

15

20

98. 正常 zhèngcháng: normal
99. 想来想去 xiǎnglái xiǎngqù: to think over and over again

当时知道，一定不会让钱贵这么干。现在一切都晚了。这件事给CAT公司和我自己，都带来很坏的影响。钱贵是我同学，我太相信他了。不过，我自己也有很大的问题，我急着干出成绩，没有管好公司。出了这种事，我肯定要负责的。"

谢红停了一下，又说："另外，打这个电话，也是想跟你告别。我要回美国了。公司要我马上回去，说明情况。以后能不能继续让我负责CAT中国分公司[16]，也不好说。我想回美国休息几天，安安静静想一想下一步的路怎么走。现在我明白了，做人也好，负责一个公司也好，钱都不是最重要的。如果有机会再回中国，我会重新开始。方新，对不起!"说完就挂了电话。

方新心里很乱。他走到窗前，看着窗户外边。雪已经停了，外面太阳很大，几只鸟在空中飞着，天已经暖和了不少。

这个冬天确实够冷的。不过，冬天快要过去了，春天又快到了……

Want to check your understanding of this part?
Go to the questions on page 94.

To check your vocabulary of this reader,
go to the questions on page 95.

To check your global understanding of this reader,
go to the questions on page 96.

# 生词表
## Vocabulary list

| | | | |
|---|---|---|---|
| 1 | 伸出 | shēnchū | to stretch out |
| 2 | 轻松不起来 | qīngsōng bu qǐlái | can not relax |
| 3 | 软件 | ruǎnjiàn | software |
| 4 | 盗版 | dàobǎn | to be pirated (books, software etc.) |
| 5 | 好不容易 | hǎobù róngyì | with great effort |
| 6 | (这)下子 | (zhè)xiàzi | this time, now |
| 7 | 心疼 | xīnténg | to feel sorry for someone, to love someone dearly |
| 8 | 分别 | fēnbié | separately |
| 9 | 网络 | wǎngluò | network |
| 10 | 哪怕 | nǎpà | even if |
| 11 | 分手 | fēn shǒu | to break up |
| 12 | 离婚 | lí hūn | to divorce |
| 13 | 管得了 | guǎndeliǎo | to be able to control |
| 14 | 一时 | yìshí | for a short while |
| 15 | 蛋糕 | dàngāo | cake (here a figurative expression of the market) |
| 16 | 分公司 | fēngōngsī | branch of a company |
| 17 | 老天 | lǎotiān | God, Heaven |
| 18 | 升级 | shēng jí | to upgrade |
| 19 | 迟早 | chízǎo | sooner or later |
| 20 | 部门 | bùmén | department |
| 21 | 咖啡馆 | kāfēiguǎn | café |
| 22 | 符合 | fúhé | to conform to |
| 23 | 苦笑 | kǔxiào | a wry smile |
| 24 | 加班 | jiā bān | to work overtime |

| 25 | 五颜六色 | wǔyán-liùsè | colorful |
|----|----------|-------------|----------|
| 26 | 少见 | shǎojiàn | rare to see |
| 27 | 小看 | xiǎokàn | to underestimate |
| 28 | 用得上 | yòng de shàng | can be used |
| 29 | 做事 | zuò shì | to do something |
| 30 | 挣(钱) | zhèng(qián) | to earn (money) |
| 31 | 翻倍 | fān bèi | double |
| 32 | 付出 | fùchū | to devote, to pay |
| 33 | 丢 | diū | to throw away |
| 34 | 难得 | nándé | rare, hard to come by |
| 35 | 放不下 | fàng bu xià | can not put sth. down or give it up |
| 36 | 总算 | zǒngsuàn | finally, at last |
| 37 | 能干 | nénggàn | competent |
| 38 | 加快 | jiākuài | to accelerate |
| 39 | 签 | qiān | to sign |
| 40 | 合同 | hétóng | contract |
| 41 | 做不到 | zuò bu dào | can not do something |
| 42 | 套数 | tàoshù | number of copies (software) |
| 43 | 民族软件 | mínzú ruǎnjiàn | national software |
| 44 | 试用 | shìyòng | to try (a product) |
| 45 | 中文办公 | Zhōngwén Bàngōng | Chinese Office, name of a software program (办公: to work in office) |
| 46 | 看来看去 | kànlái kànqù | to look at something for several times |
| 47 | 深秋 | shēnqiū | late autumn |
| 48 | 害 | hài | do harm to someone |
| 49 | 抄袭 | chāoxí | to plagiarize |
| 50 | 好笑 | hǎoxiào | funny |
| 51 | 难看 | nánkàn | ghastly (expression) |

| 52 | 冷笑 | lěngxiào | to sneer |
| 53 | 不得不 | bùdébù | have to |
| 54 | 抄袭者 | chāoxízhě | plagiarist |
| 55 | 法院 | fǎyuàn | court |
| 56 | 起诉 | qǐsù | to sue |
| 57 | 赔偿 | péicháng | to compensate |
| 58 | 暂时 | zànshí | for the time being |
| 59 | 为难 | wéinán | to be in a hard place (to decide), hesitate |
| 60 | 审理 | shěnlǐ | to hear (a case) |
| 61 | 接近 | jiējìn | close |
| 62 | 短信 | duǎnxìn | short message, SMS |
| 63 | 零头 | língtóu | a small fraction |
| 64 | 说不好 | shuō bu hǎo | to be unable to say for certain |
| 65 | 养家 | yǎng jiā | to support a family |
| 66 | 黑白不分 | hēibái bù fēn | can not tell right from wrong, to confound right and wrong |
| 67 | 真相 | zhēnxiàng | truth |
| 68 | 地面 | dìmiàn | ground |
| 69 | 绿地 | lǜdì | green area, parkland |
| 70 | 心事 | xīnshì | something weighing on one's mind |
| 71 | 大奖 | dàjiǎng | big prize, top prize |
| 72 | 喜事 | xǐshì | joyous occasion, a blessing |
| 73 | 外人 | wàirén | outsider |
| 74 | 实在 | shízài | honest, dependable |
| 75 | 提出 | tíchū | to propose, to raise (issues) |
| 76 | 上诉 | shàngsù | to appeal |
| 77 | 案件 | ànjiàn | legal case |
| 78 | 旁听 | pángtīng | to sit in (at a hearing or meeting, in a class) |

| 79 | 抽(鼻子) | chōu (bízi) | to snuffle, to sniff |
|----|----------|-------------|----------------------|
| 80 | 白 | bái | in vain |
| 81 | 乱讲 | luànjiǎng | to make irresponsible remarks |
| 82 | 座位 | zuòwèi | seat |
| 83 | 认出 | rènchū | to recognize |
| 84 | 回头 | huítóu | later |
| 85 | 收拾 | shōushi | to tidy up (a room, etc); to take sb. or sth. in hand |
| 86 | 至少 | zhìshǎo | at least |
| 87 | 动心 | dòng xīn | to be tempted |
| 88 | 全面 | quánmiàn | comprehensive |
| 89 | 笔记本电脑 | bǐjìběn diànnǎo | laptop |
| 90 | 别说 | biéshuō | let alone, not to mention |
| 91 | 错过 | cuòguò | to miss, to lose |
| 92 | 程序 | chéngxù | program |
| 93 | 存钱 | cún qián | to save money |
| 94 | 算数 | suàn shù | to keep one's word, to be accountable |
| 95 | 录音 | lù yīn | to record, recording |
| 96 | 关机 | guān jī | to turn off (a cell phone) |
| 97 | 表情 | biǎoqíng | facial expression |
| 98 | 正常 | zhèngcháng | normal |
| 99 | 想来想去 | xiǎnglái xiǎngqù | to think over and over again |

# 练 习

1. 大公司伸出<sup>1</sup>帮助的手

下面的说法哪个对，哪个错？Mark the correct ones with "T" and incorrect ones with "F".

(1)"新月中文"被人盗版<sup>4</sup>，警察还没有找到做盗版<sup>4</sup>的人。（    ）

(2)北科计算机公司的人给方新打电话了。（    ）

(3)方新和蓝迅很熟悉，他早就认识蓝迅。（    ）

(4)蓝迅认真看过"新月中文"，觉得它是一个非常不错的中文软件<sup>3</sup>。

（    ）

(5)"新月中文"与北科电脑一起卖，可以卖得更多、更贵。（    ）

2. 她从美国回来了

根据故事选择正确答案。Select the correct answer for each of the questions.

(1)越来越多的人买电脑,他们是

    A. 城里人        B. 城里人,也有一些农民    C. 农民

(2)小月这两天忽然想到了谁?

    A. 方新的妻子    B. 蓝迅        C. 谢红

(3)谢红新的工作是在

    A. CAT公司    B. 北科计算机公司

(4)谢红为什么回国?

    A. 公司派她在中国工作

    B. 公司让她来了解计算机在中国的发展情况

## 3. 软件[3]升级[18]计划

**根据故事选择正确答案。** Select the correct answer for each of the questions.

(1) 方新决定对他的中文软件[3]进行一次大改,计划设计一个什么样的的软件[3]?

    A."新月中文2.0"        B. 新的汉字处理软件[3]

(2) 为了改进"新月中文",方新找了哪些人提意见?

    A. 小月和她的朋友、同事    B. 小月和用过"新月中文"的人

(3) 在开始新的软件[3]计划前,新月公司找了哪些人?

    A. 桑林和程薇        B. 桑林和几个学软件[3]的大学生。

(4) 方新给桑林每个月开多少钱?

    A. 三四千元        B. 八千元        C. 一万元

## 4. 外国公司的女领导

**根据故事选择正确答案。** Select the correct answer for each of the questions.

(1) 谢红又一次回到中国,是因为她

    A. 想离方新近一点        B. 负责CAT中国分公司[16]的工作

(2) 方新把他和谢红在一起的照片放在

    A.家里        B.办公室

(3) 经过认真考虑,方新决定不到CAT中国分公司[16]工作,因为他

    A. 放不下[35]"新月中文"        B. 不喜欢钱贵

## 5. 合作没有办法进行

下面的说法哪个对, 哪个错? Mark the correct ones with "T" and incorrect ones with "F".

(1) CAT电脑进入中国后很快成为了北科电脑最大的竞争对手。

( )

(2) 北科公司不同意"新月中文"跟CAT电脑一起卖。 ( )

(3) 新月公司跟CAT中国分公司[16]合作, 就不能再跟其他公司合作。

( )

(4) 对于CAT中国分公司[16]提出[75]的条件, 方新不知道该怎么办。

( )

## 6. 生日之夜的电话

根据故事选择正确答案。 Select the correct answer for each of the questions.

(1) CAT中国分公司[16]做的软件[3], 叫什么?

　　A. "中文办公[45]"　　　　　　B. "中文软件[3]"

(2) 小月生日那天的晚上, 方新接到了一个人的电话。这个人是谁?

　　A. 桑林　　　　　　B. 谢红

(3) 谢红为什么非常生气?

　　A. 谢红认为"新月中文2.0"抄袭[49]"中文办公[45]"

　　B. "新月中文2.0"比"中文办公[45]"卖得好

(4) 小月为什么非常生气?

　　A. 她听到了方新跟谢红的电话

　　B. 她发现了方新跟谢红在一起的照片

## 7. 谁是抄袭者[54]?

下面的说法哪个对,哪个错? Mark the correct ones with "T" and incorrect ones with "F".

(1) 几位软件[3]专业的教授认真地对"新月中文2.0"和"中文办公[45]"进行了对比,认为其中一个软件[3]抄袭了另一个。

( )

(2) 法院[55]要求新月公司不得再卖"新月中文2.0",并且赔偿[57]CAT中国分公司[16]4,000万元。 ( )

(3) 新月公司出事没多久,公司里所有的人都离开了。 ( )

(4) 小月相信方新没有抄袭[49],支持方新搞清楚问题出在哪里。

( )

## 8. 真相[67]到底是什么?

根据故事选择正确答案。Select the correct answer for each of the questions.

(1) 小月跟着桑林和程微,发现他们

A. 租的房子很新、很漂亮　　　B. 买房子了

(2) 红苹果小区

A. 虽然离城里远,但是价格并不便宜

B. 虽然离城里很远,但是生活很方便

(3) 小月去找程薇,是为了

A. 打听桑林买房子的钱是从哪儿来的

B. 了解桑林在哪儿工作

(4) 你觉得,桑林买房子的钱是从哪儿来的?

A. 新月公司给的奖金

B. 可能跟新月公司发生的事情——软件[3]抄袭[49]——有关

## 9. 在法院⁵⁵见面

**根据故事选择正确答案。** Select the correct answer for each of the questions.

(1) 法院⁵⁵再次审理⁶⁰案件⁷⁷,CAT中国分公司¹⁶去法院⁵⁵的是谁?

　　A. 谢红和钱贵　　　　　　B. 钱贵

(2) 为什么桑林一直没到CAT中国分公司¹⁶工作?

　　A. 因为桑林不愿意离开新月公司

　　B. 因为钱贵不是真的要介绍桑林到CAT工作

(3) 在要新月公司的设计计划时,钱贵送给桑林

　　A. 一台CAT电脑　　　　　B. 十万元

(4) 为了让桑林把给新月公司的设计计划和程序⁹²交给自己,钱贵前前后后给了桑林

　　A. 九十多万　　　　　　　B. 一百多万

## 10. 春天还有多远?

**下面的说法哪个对,哪个错?** Mark the correct ones with "T" and incorrect ones with "F".

(1) 法官相信了桑林的话,因为桑林有和钱贵谈话的录音⁹⁵。

　　　　　　　　　　　　　　　　　　　　　　(　　)

(2) 新的审判结果下来以后,"新月中文"更有名了,卖得越来越好。

　　　　　　　　　　　　　　　　　　　　　　(　　)

(3) 桑林卖了房子,把从CAT公司拿的钱都还了。　　(　　)

(4) 谢红回美国了,她以后也不能继续负责CAT中国分公司¹⁶了。

　　　　　　　　　　　　　　　　　　　　　　(　　)

## 词汇练习 Vocabulary Exercise

**选词填空 Fill in each blank with the most appropriate word**

1. a. 收拾[85]  b. 设计  c. 担心  d. 吵架  e. 算数[94]

(1) 钱贵那个人只想着自己,怎么可能说话_____呢?

(2) 因为几张照片,小月和方新_____了。

(3) 这个戴眼镜的年轻人觉得"新月中文"很多地方都可以重新
_____一下。

(4) 程薇看起来好像有心事[70],她在_____什么呢?

(5) 每天下班回家,她都把家里_____得干干净净。

2. a. 精神  b. 味道  c. 消息  d. 研究  e. 看法

(1) 人们都在焦急地等待着,没有_____就是好_____。

(2) 几年不见,谢红看上去_____很不错。

(3) 审理[60]案件[77]时,法官请几位软件[3]专业的教授谈谈他们的
_____。

(4) 那家餐馆虽然小,但有家的_____,我们都很喜欢去。

(5) 新月公司新找的几个人,对软件[3]设计都相当有_____。

3. a. 方便  b. 轻松  c. 难过  d. 实在[74]  e. 满意

(1) 程薇在学校当老师,天天教育孩子们要_____做人,认真做
事。

(2) 过年了,难得[34]有_____的机会,我们出去旅游吧。

(3) 电脑和中文软件[3]都越卖越好,公司领导非常_____。

(4) 那个小区的楼房没有电梯,老人上下楼很不_____。

(5) 方新没有告诉小月自己见过谢红好几次,小月知道这些以后
_____了很久。

## 综合理解 Global understanding

**根据整篇故事选择正确的答案。**Select the correct answer for each of the gapped sentences in the following passage.

1997年春天，方新开电脑公司做"新月中文"软件³，已经五年多了，软件³一直卖得(a. 没有他想得多　b. 很好)。一天，方新接到一个电话，是北科计算机公司的蓝迅打来的。北科公司是中国最大的计算机公司，蓝迅在计算机方面很有名。蓝迅(a. 跟方新在电话里谈了谈　b. 希望能跟方新见面谈一谈)。蓝迅觉得"新月中文"设计得很不错，提出⁷⁵(a. "新月中文"和北科电脑一起卖　b. 把"新月中文"卖给北科公司)。方新非常高兴地同意了，因为他的软件³可以利用北科公司的服务网络⁹，(a. 赚更多的钱　b. 卖到更多的地方)。很快，方新发现，这样卖出去的软件³比以前多了许多。

过了几天，有人打电话过来，是谢红，(a. 他以前的妻子　b. 他以前的女朋友)！这太突然了！谢红提出⁷⁵要见面，方新觉得不去见一下不好，就打车去了谢红住的饭店，跟谢红在一起(a. 聊儿天、吃饭，还拍了几张照片　b. 谈公司的发展)。谢红告诉方新，她工作的地方——CAT公司准备来中国发展。

在蓝迅的建议下，方新准备(a. 重新设计　b. 改进)他的中文软件³，新名字叫"新月中文2.0"，他找到一个对(a. 中文软件³　b. 计算机)很有研究的年轻人，叫桑林。桑林和几个软件³专业的年轻人进入新月公司工作，他们一起讨论、一起加班²⁴，干得非常高兴。

天热的时候，谢红又回来了，她见到方新，告诉方新(a. 请他负责CAT中国分公司¹⁶　b. 她负责CAT中国分公司¹⁶)，希望方新来CAT工作，方新没有同意。CAT的电脑在中国(a. 卖得越来越好　b. 卖得没有北科电脑好)，谢红提出⁷⁵，希望"新月中文"和CAT公司合作，不再跟其他公司合作，方新没有同意。

秋天的时候，(a. CAT公司自己设计　b. CAT公司找人设计)的软件³"中文办公⁴⁵"开始卖了，这个软件³跟(a. "新月中文"　b. "新月中文2.0")非常像。方新也马上安排生产"新月中文2.0"。CAT中国分公司[16]向法院[55]起诉:"新月中文2.0"抄袭[49]"中文办公[45]"。经过审理[60],法院[55]支持CAT中国分公司[16],要求新月公司不得再卖"新月中文2.0",(a. 赔偿[57]CAT中国分公司[16]3,500万元　b. 赔偿[57]CAT中国分公司[16]和软件[3]商店3,500万元)。方新决定上诉[76],请法院[55]继续查,看看问题到底出在哪里。原来,是桑林把"新月中文2.0"的计划和设计给了(a. 谢红　b. 钱贵)。法院[55]重新审判后,认为"中文办公[45]"抄袭[49]了"新月中文2.0",要求CAT中国分公司[16]不得再卖"中文办公[45]",赔偿[57]新月电脑公司(a. 3,500万元　b. 3,700万元)。

# 练习答案
## Answer keys to the exercises

1.大公司伸出帮助的手
  (1) F　(2) T　(3) F　(4) T　(5) F

2.她从美国回来了
  (1) B　(2) C　(3) A　(4) B

3.软件³升级¹⁸计划
  (1) A　(2) B　(3) B　(4) C

4.外国公司的女领导
  (1) B　(2) B　(3) A

5.合作没有办法进行
  (1) T　(2) F　(3) T　(4) F

6.生日之夜的电话
  (1) A　(2) B　(3) A　(4) B

7.谁是抄袭者⁵⁴?
  (1) T　(2) F　(3) F　(4) T

8.真相⁶⁷到底是什么?
  (1) B　(2) A　(3) A　(4) B

9. 在法院<sup>55</sup>见面

    (1) B   (2) B   (3) A   (4) A

10. 春天还有多远?

    (1) T   (2) T   (3) F   (4) F

词汇练习 Vocabulary Exercise

1. (1) e     (2) d   (3) b   (4) c   (5) a

2. (1) c   c   (2) a   (3) e   (4) b   (5) d

3. (1) d     (2) b   (3) e   (4) a   (5) c

## 综合理解 Global understanding

1997年春天,方新开电脑公司做"新月中文"软件³,已经五年多了,软件³一直卖得(a. 没有他想得多)。一天,方新接到一个电话,是北科计算机公司的蓝迅打来的。北科公司是中国最大的计算机公司,蓝迅在计算机方面很有名。蓝迅(b. 希望能跟方新见面谈一谈)。蓝迅觉得"新月中文"设计得很不错,提出⁷⁵(a. "新月中文"和北科电脑一起卖)。方新非常高兴地同意了,因为他的软件³可以利用北科公司的服务网络⁹,(b. 卖到更多的地方)。很快,方新发现,这样卖出去的软件³比以前多了许多。

过了几天,有人打电话过来,是谢红,(a. 他以前的妻子)! 这太突然了! 谢红提出⁷⁵要见面,方新觉得不去见一下不好,就打车去了谢红住的饭店,跟谢红在一起(a. 聊儿天、吃饭,还拍了几张照片)。谢红告诉方新,她工作的地方——CAT公司准备来中国发展。

在蓝迅的建议下,方新准备(b. 改进)他的中文软件³,新名字叫"新月中文2.0",他找到一个对(a. 中文软件³)很有研究的年轻人,叫桑林。桑林和几个软件³专业的年轻人进入新月公司工作,他们一起讨论、一起加班²⁴,干得非常高兴。

天热的时候,谢红又回来了,她见到方新,告诉方新(b. 她负责CAT中国分公司¹⁶),希望方新来CAT工作,方新没有同意。CAT的电脑在中国(a. 卖得越来越好),谢红提出⁷⁵,希望"新月中文"和CAT公司合作,不再跟其他公司合作,方新没有同意。

秋天的时候,(a. CAT公司自己设计)的软件³"中文办公⁴⁵"开始卖了,这个软件³跟(b. "新月中文2.0")非常像。方新也马上安排生产"新月中文2.0"。CAT中国分公司¹⁶向法院⁵⁵起诉:"新月中文2.0"抄袭⁴⁹"中文办公⁴⁵"。经过⁶⁰审理,法院⁵⁵支持CAT中国分公司¹⁶,要求新月公司不得再卖"新月中文2.0",(a. 赔偿⁵⁷CAT中国分公司¹⁶3,500万元)。方新决定上诉⁷⁶,请法院⁵⁵继续查,看看问题到底出在哪里。原来,是桑林把"新月中文2.0"的计划和设计给了(b. 钱贵)。法院⁵⁵重新审判后,认为"中文办公⁴⁵"抄袭⁴⁹了"新月中文2.0",要求CAT中国分公司¹⁶不得再卖"中文办公⁴⁵",赔偿⁵⁷新月电脑公司(b. 3,700万元)。

本书练习由李凌编写

# 为所有中文学习者(包括华裔子弟)编写的

## 第一套系列化、成规模、原创性的大型分级轻松泛读丛书

### "汉语风"(*Chinese Breeze*)分级系列读物简介

"汉语风"(*Chinese Breeze*)是一套大型中文分级泛读系列丛书。这套丛书以"学习者通过轻松、广泛的阅读提高语言的熟练程度,培养语感,增强对中文的兴趣和学习自信心"为基本理念,根据难度分为8个等级,每一级6—8册,共近60册,每册8,000至30,000字。丛书的读者对象为中文水平从初级(大致掌握300个常用词)一直到高级(掌握3,000—4,500个常用词)的大学生和中学生(包括修美国AP课程的学生),以及其他中文学习者。

"汉语风"分级读物在设计和创作上有以下九个主要特点:

一、等级完备,方便选择。精心设计的8个语言等级,能满足不同程度的中文学习者的需要,使他们都能找到适合自己语言水平的读物。8个等级的读物所使用的基本词汇数目如下:

| | |
|---|---|
| 第1级:300 基本词 | 第5级:1,500 基本词 |
| 第2级:500 基本词 | 第6级:2,100 基本词 |
| 第3级:750 基本词 | 第7级:3,000 基本词 |
| 第4级:1,100 基本词 | 第8级:4,500 基本词 |

为了选择适合自己的读物,读者可以先看看读物封底的故事介绍,如果能读懂大意,说明有能力读那本读物。如果读不懂,说明那本读物对你太难,应选择低一级的。读懂故事介绍以后,再看一下书后的生词总表,如果大部分生词都认识,说明那本读物对你太容易,应试着阅读更高一级的读物。

二、题材广泛,随意选读。丛书的内容和话题是青少年学生所喜欢的侦探历险、情感恋爱、社会风情、传记写实、科幻恐怖、神话传说等。学习者可以根据自己的兴趣爱好进行选择,享受阅读的乐趣。

三、词汇实用,反复重现。各等级读物所选用的基础词语是该等级的学习者在中文交际中最需要最常用的。为研制"汉语风"各等级的基础词表,"汉语风"工程首先建立了两个语料库:一个是大规模的当代中文书面

语和口语语料库,一个是以世界上不同地区有代表性的40余套中文教材为基础的教材语言库。然后根据不同的交际语域和使用语体对语料样本进行分层标注,再根据语言学习的基本阶程对语料样本分别进行分层统计和综合统计,最后得出符合不同学习阶程需要的不同的词汇使用度表,以此作为"汉语风"等级词表的基础。此外,"汉语风"等级词表还参考了美国、英国等国和中国大陆、台湾、香港等地所建的10余个当代中文语料库的词语统计结果。以全新的理念和方法研制的"汉语风"分级基础词表,力求既具有较高的交际实用性,也能与学生所用的教材保持高度的相关性。此外,"汉语风"的各级基础词语在读物中都通过不同的语境反复出现,以巩固记忆,促进语言的学习。

四、易读易懂,生词率低。"汉语风"严格控制读物的词汇分布、语法难度、情节开展和文化负荷,使读物易读易懂。在较初级的读物中,生词的密度严格控制在不构成理解障碍的1.5%到2%之间,而且每个生词(本级基础词语之外的词)在一本读物中初次出现的当页用脚注做出简明注释,并在以后每次出现时都用相同的索引序号进行通篇索引,篇末还附有生词表,以方便学生查找,帮助理解。

五、作家原创,情节有趣。"汉语风"的故事以原创作品为主,多数读物由专业作家为本套丛书专门创作。各篇读物力求故事新颖有趣,情节符合中文学习者的阅读兴趣。丛书中也包括少量改写的作品,改写也由专业作家进行,改写的原作一般都特点鲜明、故事性强,通过改写降低语言难度,使之适合该等级读者阅读。

六、语言自然、鲜活。读物以真实自然的语言写作,不仅避免了一般中文教材语言的枯燥和"教师腔",还力求鲜活地道。

七、插图丰富,版式清新。读物在文本中配有丰富的、与情节内容自然融合的插图,既帮助理解,也刺激阅读。读物的版式设计清新大方,富有情趣。

八、练习形式多样,附有习题答案。读物设计了不同形式的练习以促进学习者对读物的多层次理解;所有习题都在书后附有答案,以方便查对,利于学习。

九、配有录音,两种语速选择。各册读物所附的故事录音(MP3格式),有正常语速和慢速两种语速选择,学习者可以通过听的方式轻松学习、享受听故事的愉悦。故事录音可通过扫描封底的二维码获得,也可通过网址http://www.pup.cn/dl/newsmore.cfm?sSnom=d203下载。

## ABOUT *Hànyǔ Fēng* (*Chinese Breeze*)

*Hànyǔ Fēng* (*Chinese Breeze*) is a large and innovative Chinese graded reader series which offers nearly 60 titles of enjoyable stories at eight language levels. It is designed for college and secondary school Chinese language learners from beginning to advanced levels (including AP Chinese students), offering them a new opportunity to read for pleasure and simultaneously developing real fluency, building confidence, and increasing motivation for Chinese learning. *Hànyǔ Fēng* has the following main features:

☆ Eight carefully graded levels increasing from 8,000 to 30,000 characters in length to suit the reading competence of first through fourth-year Chinese students:

| | |
|---|---|
| Level 1: 300 base words | Level 5: 1,500 base words |
| Level 2: 500 base words | Level 6: 2,100 base words |
| Level 3: 750 base words | Level 7: 3,000 base words |
| Level 4: 1,100 base words | Level 8: 4,500 base words |

*To check if a reader is at one's reading level, a learner can first try to read the introduction of the story on the back cover. If the introduction is comprehensible, the leaner will be able to understand the story. Otherwise the learner should start from a lower level reader. To check whether a reader is too easy, the learner can skim the Vocabulary (new words) Index at the end of the text. If most of the words on the new word list are familiar to the learner, then she/ he should try a higher level reader.*

☆ Wide choice of topics, including detective, adventure, romance, fantasy, science fiction, society, biography, mythology, horror, etc. to meet the diverse interests of both adult and young adult learners.

☆ Careful selection of the most useful vocabulary for real life communication in modern standard Chinese. The base vocabulary used for writing each level was generated from sophisticated computational analyses of very large written and spoken Chinese corpora as well as a language databank of over 40 commonly used or representative Chinese textbooks in different countries.

☆ Controlled distribution of vocabulary and grammar as well as the deployment of story plots and cultural references for easy reading and efficient learning, and highly recycled base words in various contexts at each level to maximize language development.

☆ Easy to understand, low new word density, and convenient new word glosses and indexes. In lower level readers, new word density is strictly limited to 1.5% to 2%. All new words are conveniently glossed with footnotes upon first appearance and also fully indexed throughout the texts as well as at the end of the text.

☆ Mostly original stories providing fresh and exciting material for Chinese learners (and even native Chinese speakers).

☆ Authentic and engaging language crafted by professional writers teamed with pedagogical experts.

☆ Fully illustrated texts with appealing layouts that facilitate understanding and increase enjoyment.

☆ Including a variety of activities to stimulate students' interaction with the text and answer keys to help check for detailed and global understanding.

☆ Audio files in MP3 format with two speed choices (normal and slow) accompanying each title for convenient auditory learning. Scan the QR code on the backcover, or visit the website http://www.pup.cn/dl/newsmore.cfm?sSnom=d203 to download the audio files.

# 画皮
## The Painted Skin

# 留在中国的月亮石雕
## The Moon Sculpture Left Behind

# 朋友
## Friends

## 第4级：1,100词级
## Level 4: 1,100 Word Level

### 好狗维克
### Vick the Good Dog

维克以前是一只非常有名的军犬(jūnquǎn: military dog)。有一天，它没有错，却被人用棍子(gùnzi: stick)重重地打了。维克出现了严重的心理(xīnlǐ: mentality)问题，不能再当军犬了。我们的缉毒(jīdú: to crack down on narcotic trafficking)犬(quǎn: dog)训导(xùndǎo: to train)中心虽然接受了它，但很多人不喜欢它，只有我不知道为什么，一下就喜欢上了它，我相信它一定行！我们一起努力练习，成了最好的朋友。在缉毒工作中，维克干得很漂亮，成了一只最棒的缉毒犬！不过，想起当时经过的那些困难，还有女朋友差一点儿因为维克离开我，我是又想哭，又想笑……

Vick used to be a famous military dog. One day, for no apparent reason, someone attacked and gravely wounded him with a stick. Due to the resulting emotional trauma, he was discharged. Now, he works with us at the Drug-Sniffing Dog Training Center. My coworkers don't like him, but after training him, I've found him to be a brilliant drug-sniffing dog, and we've become the best of friends. Although, when I think back on when we trained together, and to that time my girlfriend left me, I don't know whether to laugh or cry...

## 两件红衬衫
### Two Red Shirts

万山县"手拉手"(Shǒu-Lā-Shǒu: Hand-in-Hand)办公室接到一封北京来信,信上说要出一笔钱,帮助一个家里困难的孩子读书,到她上大学。但是,信里提出了几个奇怪的条件:被帮助的孩子生日必须是1990年5月4日,必须是女孩,必须住在周围开满茶花的地方,还有,不能让她和家人知道谁帮助了她们……

方小草的条件跟信里的要求正好一样,她可以用这笔钱上学,她还接到那人寄来的一个大包,里面除了笔、本子(běnzi: notebook)、书,还有一件好看的红衬衫。

12年以后,方小草考(kǎo: to test, to examine)上了北京的大学,她要到北京去找那位好心人(hǎoxīnrén: good Samaritan, good-hearted people)。但是,那个人的情况她一点儿都不知道,再说,中国这12年变化这么大……她能找到吗?

The "Hand-in-Hand" Office of Wanshan County received an odd letter from Beijing. The author said that she would like to sponsor the education of a child in poverty through university. Her requirements: the child had to be a girl, be born on May 4, 1990, and her home be surrounded by camellias in bloom. Furthermore, the office was not allowed to let her or her family know the identity of the benefactor. How strange...

Fang Xiaocao, coincidentally, met all of these requirements. In addition to paying for her attendance, the anonymous person sent her a package containing school supplies, as well as a nice red shirt.

Twelve years later, Xiaocao was admitted to a university in Beijing. She wanted to use the opportunity to find the mysterious good Samaritan. However, she knew nothing about her; China, too, had changed greatly in those twelve years. Would she find her?